2023 中财传媒版

年度全国会计专业技术资格考试辅导系列丛书 · 注定会赢®

财务管理

思维导图

财政部中国财经出版传媒集团　组织编写

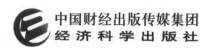

中国财经出版传媒集团

经济科学出版社

图书在版编目（CIP）数据

财务管理思维导图／财政部中国财经出版传媒集团
组织编写．－－北京：经济科学出版社，2022.11
（中财传媒版2023年度全国会计专业技术资格考试辅
导系列丛书．注定会赢）
ISBN 978－7－5218－4225－8

Ⅰ.①财…　Ⅱ.①财…　Ⅲ.①财务管理－资格考试－
自学参考资料　Ⅳ.①F275

中国版本图书馆 CIP 数据核字（2022）第 211641 号

责任校对：刘　昕
责任印制：李　鹏　邱　天

财务管理思维导图

CAIWU GUANLI SIWEI DAOTU

财政部中国财经出版传媒集团　组织编写

经济科学出版社出版、发行　新华书店经销

社址：北京市海淀区阜成路甲 28 号　邮编：100142

总编部电话：010－88191217　发行部电话：010－88191522

天猫网店：经济科学出版社旗舰店

网址：http：//jjkxcbs.tmall.com

北京时捷印刷有限公司印装

787×1092　16 开　7.5 印张　150000 字

2023 年 4 月第 1 版　2023 年 4 月第 1 次印刷

ISBN 978－7－5218－4225－8　定价：45.00 元

（图书出现印装问题，本社负责调换。电话：010－88191545）

（打击盗版举报热线：010－88191661，QQ：2242791300）

前　言

　　2023 年度全国会计专业技术中级资格考试大纲已经公布，辅导教材也已正式出版发行。与上年度相比，新考试大纲及辅导教材的内容发生了较大变化。为了帮助考生准确理解和掌握新大纲和新教材的内容、顺利通过考试，中国财经出版传媒集团本着对广大考生负责的态度，严格按照新大纲和新教材内容，组织编写了中财传媒版 2023 年度全国会计专业技术资格考试辅导"注定会赢"系列丛书。

　　该系列丛书包含"精讲精练""通关题库""全真模拟试题""要点随身记""速刷 360 题""思维导图"等 6 个子系列，共 18 本图书，具有重点把握精准、难点分析到位、题型题量贴切、模拟演练逼真等特点。本书属于"思维导图"子系列，紧扣最新大纲和教材，用图形总结知识点，框架清晰明朗，打造结构化思维，让复习变得简单高效。

　　中国财经出版传媒集团旗下"注定会赢"微信公众号和"中财云知"App 为购买本书的考生提供线上增值服务。考生通过扫描封面下方的二维码关注并激活后，可免费享有高频考点串讲课、题库练习、模拟测试、每日一练、学习答疑等增值服务。

　　全国会计专业技术资格考试是我国评价选拔会计人才、促进会计人员成长的重要渠道，也是落实会计人才强国战略的重要措施。希望广大考生在认真学习教材内容的基础上，结合本丛书准确理解和全面掌握应试知识点内容，顺利通过考试，不断取得更大进步，为我国会计事业的发展作出更大贡献！

　　书中如有疏漏和不当之处，敬请批评指正。

财政部中国财经出版传媒集团

2023 年 4 月

目 录

第一章　总论

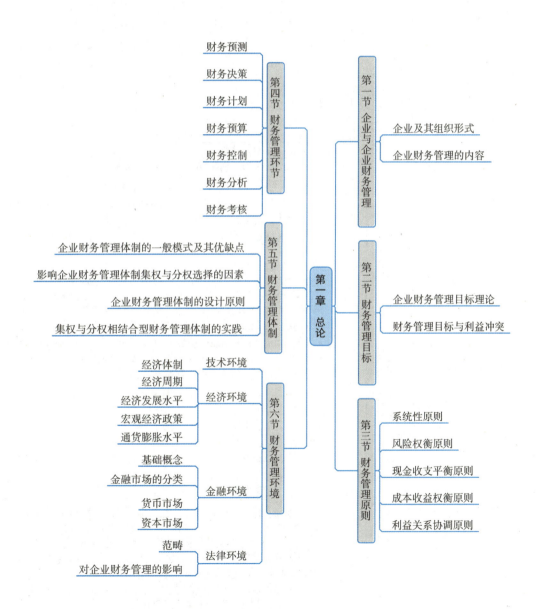

第一章　总论

第一节　企业与企业财务管理
- 企业及其组织形式
- 企业财务管理的内容

第二节　财务管理目标
- 企业财务管理目标理论
- 财务管理目标与利益冲突

第三节　财务管理原则
- 系统性原则
- 风险权衡原则
- 现金收支平衡原则
- 成本收益权衡原则
- 利益关系协调原则

第四节　财务管理环节
- 财务预测
- 财务决策
- 财务计划
- 财务预算
- 财务控制
- 财务分析
- 财务考核

第五节　财务管理体制
- 企业财务管理体制的一般模式及其优缺点
- 影响企业财务管理体制集权与分权选择的因素
- 企业财务管理体制的设计原则
- 集权与分权相结合型财务管理体制的实践

第六节　财务管理环境
- 技术环境
- 经济环境
  - 经济体制
  - 经济周期
  - 经济发展水平
  - 宏观经济政策
  - 通货膨胀水平
- 金融环境
  - 基础概念
  - 金融市场的分类
  - 货币市场
  - 资本市场
- 法律环境
  - 范畴
  - 对企业财务管理的影响

企业的定义及功能
- 市场经济活动的主要参与者
- 社会生产和服务的主要承担者
- 经济社会发展的重要推动力量

第一节　企业与企业财务管理

企业及其组织形式

企业的组织形式

个人独资企业
- 是由一个自然人投资，全部资产为投资者个人所有，全部债务由投资者个人承担的经营实体。个人独资企业是非法人企业，不具有法人资格
- 优点：创立容易、经营管理灵活自由、不需要缴纳企业所得税等
- 局限性
  - （1）需要业主对企业债务承担无限责任
  - （2）难以从外部获得大量资金用于经营
  - （3）所有权的转移比较困难
  - （4）企业的生命有限，将随着业主的死亡而自动消亡

合伙企业
- 普通合伙企业
  - 由普通合伙人组成，合伙人对合伙企业债务承担无限连带责任
  - 如果一个合伙人没有能力偿还其应分担的债务，其他合伙人须承担连带责任
- 有限合伙企业
  - 由普通合伙人和有限合伙人组成，普通合伙人对合伙企业债务承担无限连带责任，有限合伙人以其认缴的出资额为限对合伙企业债务承担责任

公司制企业
- 有限责任公司
  - 是指股东以其认缴的出资额为限对公司承担责任，公司以其全部财产为限对公司的债务承担责任的企业法人
  - 国有独资公司：具体指国家单独出资、由国务院或者地方人民政府授权本级人民政府国有资产监督管理机构履行出资人职责的有限责任公司
- 股份有限公司
  - 是指其全部资本分为等额股份，股东以其所持股份为限对公司承担责任，公司以其全部财产对公司的债务承担责任的企业法人
- 区别
  - （1）股东人数要求不同。设立有限责任公司的股东人数可以为1人或50人以下；设立股份有限公司，应当有2人以上200人以下为发起人
  - （2）股权表现形式不同。有限责任公司的权益总额不作等额划分，股东的股权是通过投资人所拥有的比例来表示的；股份有限公司的权益总额平均划分为相等的股份，股东的股权是用持有多少股份来表示的
  - （3）股份转让限制不同。有限责任公司不发行股票，对股东只发放一张出资证明书，股东转让出资需要由股东会或董事会讨论通过；股份有限公司可以发行股票，股票可以依法转让
- 优点
  - （1）容易转让所有权。公司的股东权益被划分为若干股权份额，每个份额可以单独转让
  - （2）有限债务责任。股东对公司承担的责任以其出资额为限。当公司资产不足以偿还其所欠债务时，股东无须承担连带清偿责任
  - （3）公司制企业可以无限存续，一个公司在最初的股东和经营者退出后仍然可以继续存在
  - （4）公司制企业融资渠道较多，更容易筹集所需资金
- 缺点
  - （1）组建公司的成本高。《公司法》对于设立公司的要求比设立独资或合伙企业复杂，并且需要提交一系列法律文件，花费的时间较长。公司成立后，政府对其监管比较严格，需要定期提交各种报告
  - （2）存在代理问题。股东和经营者分开以后，股东成为委托人，经营者成为代理人，代理人可能为了自身利益而损害委托人利益
  - （3）双重课税。公司作为独立的法人，其利润需缴纳企业所得税，企业利润分配给股东后，股东还需缴纳个人所得税

第一节 企业与企业财务管理

企业财务管理的内容

筹资管理：在进行筹资活动时，企业一方面要科学预测筹资的总规模，以保证所需资金；另一方面要通过筹资渠道和筹资方式的选择，确定合理的筹资结构，降低资本成本，增加公司的利益，控制相关的风险

投资管理：
- 对内投资：是指企业把筹集到的资金用于本企业的资产上，如购建固定资产、无形资产等
- 对外投资：是指企业把筹集到的资金用于购买股票、债券、出资新组建公司等

营运资金管理：企业在日常的生产经营活动中发生的一系列流动资产和流动负债资金的收付管理，主要涉及：现金持有计划的确定，应收账款的信用标准、信用条件和收款政策的确定，存货周期、存货数量的确定等

成本管理：企业在竞争中需要努力开源节流，控制成本耗费，从而增加企业收益。成本管理涉及从成本预测、成本决策、成本计划、成本控制、成本核算、成本分析到成本考核的全部过程

收入与分配管理：收入与分配管理是对企业收入与分配活动及其形成的财务关系的组织与调节，是企业进行销售预测和定价管理，并将一定时期内所创造的经营成果合理地在企业内、外部各利益相关者之间进行有效分配的过程

第二节 财务管理目标

★企业财务管理目标理论

利润最大化
- 优点
  - 有利于企业资源的合理配置
  - 有利于企业整体经济效益的提高
- 缺点
  - （1）没有考虑利润实现时间和资金时间价值
  - （2）没有考虑风险问题
  - （3）没有反映创造的利润与投入资本之间的关系
  - （4）可能导致企业短期行为倾向，影响企业长远发展

股东财富最大化
- 优点
  - （1）考虑了风险因素
  - （2）在一定程度上能避免企业短期行为
  - （3）对上市公司而言，股东财富最大化目标比较容易量化，便于考核和奖惩
- 缺点
  - （1）非上市公司难以应用
  - （2）股价受众多因素影响，股价不能完全准确反映企业财务管理状况
  - （3）强调更多的是股东利益，而对其他相关者的利益重视不够

企业价值最大化
- 优点
  - （1）考虑了取得收益的时间，并用时间价值的原理进行了计量
  - （2）考虑了风险与收益的关系
  - （3）将企业长期、稳定的发展和持续的获利能力放在首位，能克服企业在追求利润上的短期行为
  - （4）用价值代替价格，避免过多外界市场因素的干扰，有效地规避企业的短期行为
- 缺点
  - 过于理论化，不易操作。对非上市公司而言，只有对企业进行专门评估才能确定其价值，而在评估企业的资产时，由于受评估标准和评估方法的影响，很难做到客观准确

相关者利益最大化
- 具体内容
  - （1）强调风险与收益的均衡，将风险限制在企业可以承受的范围内
  - （2）强调股东的首要地位，并强调企业与股东之间的协调关系
  - （3）强调对代理人即企业经营者的监督和控制，建立有效的激励机制以便企业战略目标的顺利实现
  - （4）关心本企业普通职工的利益，创造优美和谐的工作环境和提供合理恰当的福利待遇，培养职工长期努力为企业工作
  - （5）不断加强与债权人的关系，培养可靠的资金供应者
  - （6）关心客户的长期利益，以便保持销售收入的长期稳定增长

- ★企业财务管理目标理论
  - 相关者利益最大化
    - 具体内容
      - （7）加强与供应商的协作，共同面对市场竞争，并注重企业形象的宣传，遵守承诺，讲究信誉
      - （8）保持与政府部门的良好关系
    - 优点
      - （1）有利于企业长期稳定发展
      - （2）体现了合作共赢的价值理念，有利于实现企业经济效益和社会效益的统一
      - （3）这一目标较好地兼顾了各利益主体的利益，可使企业各利益主体相互作用、相互协调，并在使企业利益、股东利益达到最大化的同时，也使其他利益相关者利益达到最大化
      - （4）体现了前瞻性和现实性的统一

- 第二节　财务管理目标
  - 委托代理问题与利益冲突
    - 股东与管理层之间
      - 主要利益冲突：经营者希望在创造财富的同时，能够获取更多的报酬、更多的享受，并避免各种风险；而股东则希望以较小的代价（支付较少报酬）实现更多的财富
      - 解决方式
        - （1）解聘。股东对经营者予以监督，如果经营者绩效不佳，就解聘经营者
        - （2）接收。如果经营者决策失误、经营不力、绩效不佳，该企业就可能被其他企业强行接收或吞并，相应经营者也会被解聘
        - （3）激励。激励就是将经营者的报酬与其绩效直接挂钩，以使经营者自觉采取能提高股东财富的措施。激励通常有股票期权和绩效股两种方式
    - 大股东与中小股东之间
      - 主要利益冲突
        - （1）利用关联交易转移上市公司的资产
        - （2）非法占用上市公司巨额资金，或以上市公司的名义进行担保和恶意筹资
        - （3）通过发布虚假信息进行股价操纵，欺骗中小股东
        - （4）为大股东委派的高管支付不合理的报酬及特殊津贴
        - （5）采用不合理的股利政策，掠夺中小股东的既得利益
      - 解决方式
        - （1）完善上市公司的治理结构，使股东大会、董事会和监事会三者有效运行，形成相互制约的机制
          - 首先，采取法律措施增强中小股东的投票权和知情权
          - 其次，提高董事会中独立董事的比例，独立董事可以代表中小股东的利益，在董事会中行使表决权
          - 最后，建立健全监事会，保证其独立性，有效实现其监督职能，并赋予监事会更大的监督与起诉权
        - （2）规范上市公司的信息披露制度，保证信息的完整性、真实性和及时性。同时，应完善会计准则体系和信息披露规则，加大对信息披露违规行为的处罚力度，对信息披露的监管也要有所加强
    - 股东与债权人之间
      - 主要利益冲突：股东改变举债资金的原定用途，举借新债，增大偿债风险，从而致使原有债权的价值降低
      - 解决方式
        - （1）限制性借债。债权人通过事先规定借债用途限制、借债担保条款和借债信用条件，使股东不能通过以上两种方式削弱债权人的债权价值
        - （2）收回借款或停止借款
  - ★财务管理目标与利益冲突
    - 企业社会责任与利益冲突
      - 对员工的责任
      - 对债权人的责任
      - 对消费者的责任
      - 对社会公益的责任
      - 对环境和资源的责任

	系统性原则	在财务管理中坚持系统性原则，是财务管理工作的首要出发点。财务管理是企业管理系统的一个子系统，它本身又由筹资管理、投资管理、营运资金管理、成本管理和收入与分配管理子系统构成
第三节　财务管理原则	风险权衡原则	风险权衡原则是指风险和报酬之间存在着一个对应关系，决策者必须对报酬和风险作出权衡，为追求较高报酬而承担较大的风险，或者为减少风险而接受较低的报酬
	现金收支平衡原则	财务管理贯彻的是收付实现制，而非权责发生制，客观上要求在财务管理活动中做到现金收入和现金支出在数量上、时间上达到动态平衡，即现金收支平衡
	成本收益权衡原则	在筹资管理中，要进行资金成本和筹资收益的权衡；在长期投资管理中，要进行投资成本和投资收益的权衡；在营运资金管理中，收益难以量化，但应追求成本最低化；在分配管理中，应在追求分配管理成本最小的前提下，妥善处理好各种财务关系
	利益关系协调原则	企业在进行财务活动时，离不开处理与股东、债权人、经营者、职工、内部各部门、债务人、被投资企业、国家（政府）、社会公众等利益主体之间的财务关系。从这个角度来说，财务管理也是一个协调各种利益关系的过程

第四节　财务管理环节	财务预测	定义	是根据企业财务活动的历史资料，考虑现实的要求和条件，对企业未来的财务活动作出较为具体的预计和测算的过程
		方法	定性预测法，主要是利用直观材料，依靠个人的主观判断和综合分析能力，对事物未来的状况和趋势作出预测的一种方法
			定量预测法，主要是根据变量之间存在的数量关系建立数学模型来进行预测的方法
	★财务决策	定义	是指按照财务战略目标的总体要求，利用专门的方法对各种备选方案进行比较和分析，从中选出最佳方案的过程。财务决策是财务管理的核心，决策的成功与否直接关系到企业的兴衰成败
		方法	经验判断法，是根据决策者的经验来判断选择，常用的方法有淘汰法、排队法、归类法等
			定量分析方法，常用的方法有优选对比法、数学微分法、线性规划法、概率决策法等
	财务计划		定义是根据企业整体战略目标和规划，结合财务决策的结果，对财务活动进行规划，并以指标形式落实到每一计划期间的过程
			方法一般有平衡法、因素法、比例法和定额法等

第四节 财务管理环节

财务预算

定义：是根据财务计划和各种预测信息，确定预算期内各种预算指标的过程。它是财务计划的分解和落实，是财务计划的具体化

方法：通常包括固定预算与弹性预算、增量预算与零基预算、定期预算与滚动预算等

财务控制

定义：是指利用有关信息和特定手段，对企业的财务活动施加影响或调节，以便实现计划所规定的财务目标的过程

方法：通常有前馈控制、过程控制、反馈控制几种。财务控制措施一般包括预算控制、运营分析控制和绩效考评控制等

财务分析

定义：是指根据企业财务报表等信息资料，采用专门方法，系统分析和评价企业财务状况、经营成果以及未来发展趋势的过程

方法：通常有比较分析法、比率分析法和因素分析法等

财务考核

定义：是指将报告期实际完成数与规定的考核指标进行对比，确定有关责任单位和个人完成任务的过程

形式：可以用绝对指标、相对指标、完成百分比考核，也可以采用多种财务指标进行综合评价考核

第五节 财务管理体制

企业财务管理体制的一般模式及其优缺点

集权型财务管理体制

定义：是指企业对各所属单位的所有财务管理决策都进行集中统一，各所属单位没有财务决策权，企业总部财务部门不但参与决策和执行决策，在特定情况下还直接参与各所属单位的执行过程

优点：采用集权型财务管理体制，有利于在整个企业内部优化配置资源，有利于实行内部调拨价格，有利于内部采取避税措施及防范汇率风险等

缺点：集权过度会使各所属单位缺乏主动性、积极性，丧失活力，也可能因为决策程序相对复杂而失去适应市场的弹性，丧失市场机会

分权型财务管理体制

定义：是指企业将财务决策权与管理权完全下放到各所属单位，各所属单位只需对一些决策结果报请企业总部备案即可

优点：有利于针对本单位存在的问题及时作出有效决策，因地制宜地搞好各项业务，也有利于分散经营风险，促进所属单位管理人员及财务人员的成长

缺点：各所属单位大多从本单位利益出发安排财务活动，缺乏全局观念和整体意识，从而可能导致资金管理分散、资金成本增大、费用失控、利润分配无序

集权与分权相结合型财务管理体制

定义：其实质就是集权下的分权，企业对各所属单位在所有重大问题的决策与处理上实行高度集权，各所属单位则对日常经营活动具有较大的自主权

主要特点：（1）在制度上，应制定统一的内部管理制度，明确财务权限及收益分配方法，各所属单位应遵照执行，并根据自身的特点加以补充。（2）在管理上，利用企业的各项优势，对部分权限集中管理。（3）在经营上，充分调动各所属单位的生产经营积极性。各所属单位围绕企业发展战略和经营目标，在遵守企业统一制度的前提下，可自主制定生产经营的各项决策

★影响企业财务管理体制集权与分权选择的因素

生命周期　初创阶段，企业经营风险高，宜偏重集权模式

企业战略　纵向一体化战略的企业，各所属单位需要保持密切的业务联系，宜偏重集权模式

市场环境　企业面临的环境稳定、对生产经营的影响不太显著，宜偏重集权模式

企业规模　企业规模小，财务管理工作量小，宜偏重集权模式。反之，财务管理各种权限就有必要根据需要重新设置规划

管理层素质　包括财务管理人员在内的管理层，如果素质高、能力强，宜偏重集权模式。反之，通过分权可以调动所属单位的生产积极性、创造性和应变能力

信息网络系统　集权型的财务管理体制，在企业内部需要有一个能及时、准确传递信息的网络系统，并通过对信息传递过程的严格控制来保障信息的质量

第五节　财务管理体制

企业财务管理体制的设计原则

与现代企业制度的要求相适应的原则

明确企业对各所属单位管理中决策权、执行权与监督权相互制衡的原则

明确财务综合管理和分层管理思想的原则

与企业组织体制相适应的原则

U型组织以职能化管理为核心，最典型的特征是在管理分工下实行集权控制，没有中间管理层，依靠总部的采购、营销、财务等职能部门直接控制各业务单元，子公司的自主权较小

H型组织即控股公司体制。集团总部下设若干子公司，每家子公司拥有独立的法人地位和比较完整的职能部门。它的典型特征是过度分权，各子公司保持了较大的独立性，总部缺乏有效的监控约束力度

M型组织即事业部制，就是按照企业所经营的事业，包括按产品、按地区、按顾客（市场）等来划分部门，设立若干事业部。事业部是总部设置的中间管理组织，不是独立法人，不能够独立对外从事生产经营活动

集权与分权相结合型财务管理体制的实践

集中制度制定权

集中筹资、融资权

集中投资权

集中用资、担保权

集中固定资产购置权

集中财务机构设置权

集中收益分配权

集权

分散经营自主权

分散人员管理权

分散业务定价权

分散费用开支审批权

分权

第六节　财务管理环境

技术环境

是指财务管理得以实现的技术手段和技术条件，它决定着财务管理的效率和效果

★经济环境

经济体制

在计划经济体制下，财务管理活动的内容比较单一，财务管理方法比较简单。在市场经济体制下，财务管理活动的内容比较丰富，方法也复杂多样

经济周期

市场经济条件下，经济发展与运行具有一定的波动性。大体上经历复苏、繁荣、衰退和萧条几个阶段的循环，这种循环叫作经济周期

经济发展水平

经济发展水平越高，财务管理水平也越高

宏观经济政策

金融政策中的货币发行量、信贷规模会影响企业投资的资金来源和投资的预期收益；财税政策会影响企业的资金结构和投资项目的选择等

通货膨胀水平

主要表现

（1）引起资金占用的大量增加，从而增加企业的资金需求

（2）引起企业利润虚增，造成企业资金由于利润分配而流失

（3）引起利率上升，加大企业筹资成本

（4）引起有价证券价格下降，增加企业的筹资难度

（5）引起资金供应紧张，增加企业的筹资困难

防范措施

在通货膨胀初期，货币面临贬值的风险，这时企业进行投资可以避免风险，实现资本保值；与客户应签订长期购货合同，以减少物价上涨造成的损失；取得长期负债，保持资本成本的稳定

在通货膨胀持续期，企业可以采用比较严格的信用条件，减少企业债权；调整财务政策，防止和减少企业资本流失等

第六节　财务管理环境

★金融环境

基础概念

金融机构
主要是指银行和非银行金融机构。银行是指经营存款、放款、汇兑、储蓄等金融业务，承担信用中介的金融机构，包括各种商业银行和政策性银行。非银行金融机构主要包括保险公司、信托投资公司、证券公司、财务公司等机构

金融工具
是指形成一方的金融资产并形成其他方的金融负债或权益工具的合同。金融工具分为基本金融工具和衍生金融工具两大类

特征：（1）流动性。流动性是指金融工具在必要时迅速转变为现金而不致遭受损失的能力。（2）风险性。风险性是购买金融工具的本金和预定收益遭受损失的可能性。（3）收益性。收益性是指金融工具能定期或不定期地给持有人带来收益

金融市场
是指资金供应者和资金需求者双方通过一定的金融工具进行交易进而融通资金的场所。金融市场的构成要素包括资金供应者（或称资金剩余者）和资金需求者（或称资金不足者）、金融工具、交易价格、组织方式等

资金的转移方式：（1）直接转移；（2）间接转移

金融市场的分类

期限
货币市场又称短期金融市场，是指以期限在1年以内的金融工具为媒介，进行短期资金融通的市场，包括同业拆借市场、票据市场、大额定期存单市场和短期债券市场等

资本市场又称长期金融市场，是指以期限在1年以上的金融工具为媒介，进行长期资金交易活动的市场，包括股票市场、债券市场、期货市场和融资租赁市场等

功能
发行市场又称为一级市场，它主要处理金融工具的发行与最初购买者之间的交易

流通市场又称为二级市场，它主要处理现有金融工具转让和变现的交易

融资对象
资本市场、外汇市场、黄金市场

所交易金融工具的属性
基础性金融市场、金融衍生品市场

地理范围
地方性金融市场、全国性金融市场和国际性金融市场

货币市场

主要特点
（1）期限短。一般为3~6个月，最长不超过1年

（2）交易目的是解决短期资金周转。它的资金来源主要是资金所有者暂时闲置的资金，融通资金的用途一般是弥补短期资金的不足

（3）货币市场上的金融工具有较强的"货币性"，具有流动性强、价格平稳、风险较小等特性

分类
拆借市场是指银行（包括非银行金融机构）同业之间短期性资本的借贷活动

票据市场包括票据承兑市场和票据贴现市场

大额定期存单市场是一种买卖银行发行的可转让大额定期存单的市场

短期债券市场主要买卖1年期以内的短期企业债券和政府债券，尤其是国债

资本市场

主要特点
（1）融资期限长。至少1年以上，最长可达10年甚至10年以上

（2）融资的目的是解决长期投资性资本的需要，用于补充长期资本，扩大生产能力

（3）资本借贷量大

（4）收益较高但风险也较大

分类
债券市场和股票市场：由证券（债券和股票）发行和证券流通构成

期货市场
商品期货、金融期货（外汇期货、利率期货和股指期货）
功能：规避风险、发现价格、风险投资

是指企业与外部发生经济关系时所涉的法律因素总和，主要包括企业应遵守的有关法律、法规和规章（以下简称法规），主要包括《公司法》《证券法》《民法典》《企业财务通则》《内部控制基本规范》《管理会计指引》及税法等

第六节　财务管理环境	法律环境	国家相关法律法规分类	（1）影响企业筹资的各种法规主要有：《公司法》《证券法》《民法典》等。这些法规可以从不同方面规范或制约企业的筹资活动
			（2）影响企业投资的各种法规主要有：《证券法》《公司法》《企业财务通则》等。这些法规从不同角度规范企业的投资活动
			（3）影响企业收益分配的各种法规主要有：《公司法》《企业财务通则》及税法等。这些法规从不同方面对企业收益分配进行了规范
		对企业财务管理的影响	法律环境对企业的影响是多方面的，影响范围包括企业组织形式、公司治理结构、投融资活动、日常经营、收益分配等。比如《公司法》规定，企业可以采用独资、合伙、公司制等企业组织形式。企业组织形式不同，业主（股东）权利责任、企业投融资、收益分配、纳税、信息披露等不同，公司治理结构也不同

第二章　财务管理基础

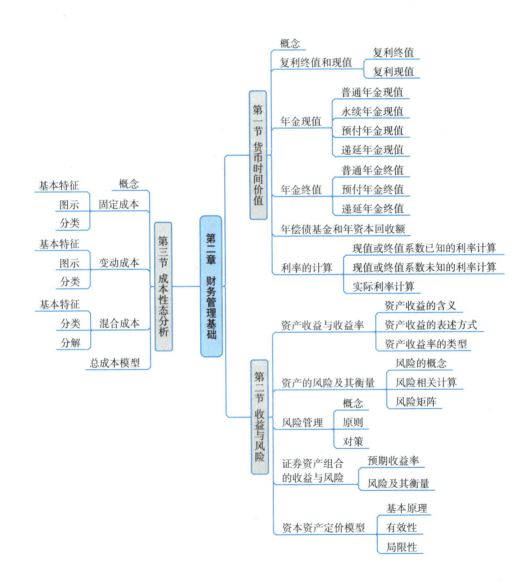

概念	定义		没有风险和没有通货膨胀的条件下，货币经过一定时间的投资和再投资所增加的价值
	表现形式		在实务中习惯使用相对数字表示货币的时间价值，即用增加的价值占投入货币的百分数来表示。用相对数表示的货币时间价值也称为纯粹利率，简称纯利率，是指在没有通货膨胀、无风险情况下资金市场的平均利率。没有通货膨胀时，短期国债利率可以视为纯利率

第一节 货币时间价值

复利终值和现值

复利终值	定义	是指现在的特定资金按复利计算方法，折算到将来某一定时点的价值，或者说是现在的一定本金在将来一定时间，按复利计算的本金与利息之和，简称本利和
	公式	$F = P \times (1+i)^n$ 或 $F = P \times (F/P, i, n)$
复利现值	定义	是指未来某一时点的特定资金按复利计算方法，折算到现在的价值。或者说是为取得将来一定本利和，现在所需要的本金
	公式	$P = F \times (1+i)^{-n}$ 或 $P = F \times (P/F, i, n)$

年金现值

普通年金现值	定义	从第1期起，在一定时期内每期期末等额收付的系列款项，又称为后付年金
	公式	$P = A \times (P/A, i, n)$
永续年金现值	定义	当普通年金的收付次数为无穷大时即为永续年金
	公式	$P(n \to \infty) = A/i$

★预付年金与普通年金的区别：收付款时点不同。普通年金发生在期末，预付年金发生在期初

预付年金现值	定义	从第1期起，在一定时期内每期期初等额收付的系列款项，又称即付年金或先付年金
	公式	$P = A \times (P/A, i, n) \times (1+i)$
递延年金现值	定义	一般用m表示递延期。递延年金的第一次收付发生在第（m+1）期期末（m为大于0的整数），用n代表年金收付的期数
	公式	$P = A \times (P/A, i, n) \times (P/F, i, m)$
		$P = A \times (P/A, i, m+n) - A \times (P/A, i, m)$

年金终值

普通年金终值	定义	各期等额收付金额在第n期期末的复利终值
	公式	$F = A \times (F/A, i, n)$
预付年金终值	定义	各期等额收付金额在第n期期初的复利终值

★注意：预付年金与普通年金终值的定义相同，区别在于年金是先付还是后付

预付年金终值	公式	$F = A \times (F/A, i, n) \times (1+i)$
		$F = A \times [(F/A, i, n+1) - 1]$
递延年金终值	定义	各期等额收付金额在第（m+n）期期末的复利终值之和，其中m表示递延期，n表示收付期
	公式	$F = A \times (F/A, i, n)$，与递延期无关

年偿债基金和年资本回收额

年偿债基金	为使年金终值达到既定金额的年金数额
	即：已知终值F，求年金A
	与普通年金终值互为逆运算
年资本回收额	在约定年限内等额回收初始投入资本的金额
	即：已知普通年金现值P，求年金A
	与普通年金现值互为逆运算

★注：以上公式中，P代表现值，F代表终值，A代表年金，n代表收付的期数，m代表递延期，i代表利率，（F/P, i, n）代表复利终值系数，（P/F, i, n）代表复利现值系数

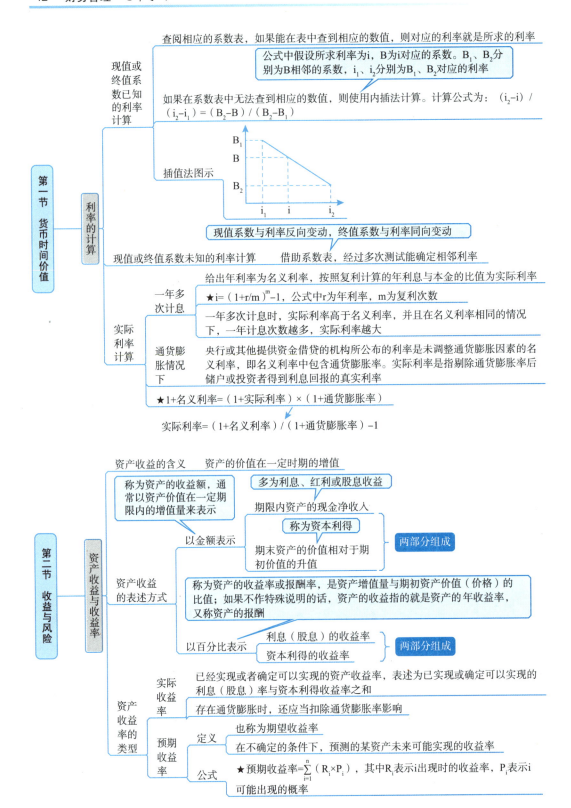

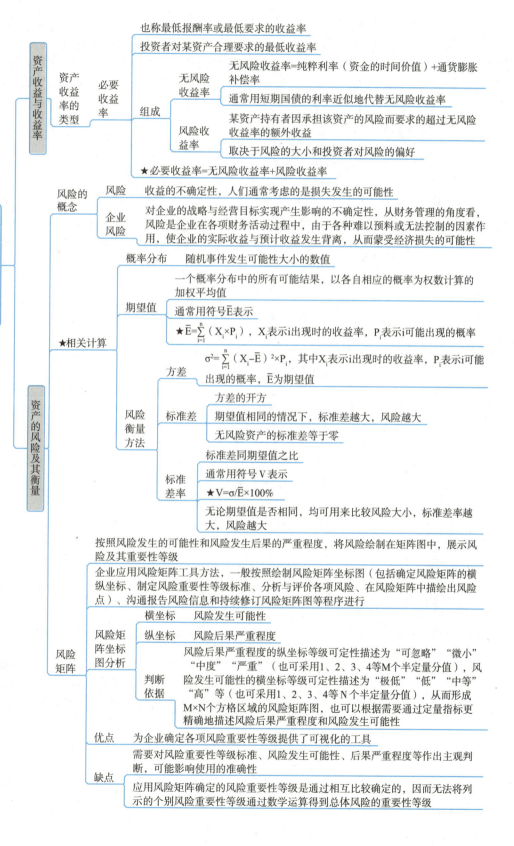

第二节 收益与风险

资产收益与收益率
  资产收益率的类型
    资产收益率
      必要收益率
        也称最低报酬率或最低要求的收益率
        投资者对某资产合理要求的最低收益率
        组成
          无风险收益率
            无风险收益率=纯粹利率（资金的时间价值）+通货膨胀补偿率
            通常用短期国债的利率近似地代替无风险收益率
          风险收益率
            某资产持有者因承担该资产的风险而要求的超过无风险收益率的额外收益
            取决于风险的大小和投资者对风险的偏好
        ★必要收益率=无风险收益率+风险收益率

资产的风险及其衡量
  风险的概念
    风险 收益的不确定性，人们通常考虑的是损失发生的可能性
    企业风险 对企业的战略与经营目标实现产生影响的不确定性，从财务管理的角度看，风险是企业在各项财务活动过程中，由于各种难以预料或无法控制的因素作用，使企业的实际收益与预计收益发生背离，从而蒙受经济损失的可能性

  ★相关计算
    概率分布 随机事件发生可能性大小的数值
    期望值
      一个概率分布中的所有可能结果，以各自相应的概率为权数计算的加权平均值
      通常用符号 $\bar{E}$ 表示
      ★$\bar{E}=\sum\limits_{i=1}^{n}(X_i \times P_i)$，$X_i$ 表示i出现时的收益率，P_i 表示i可能出现的概率
    风险衡量方法
      方差 $\sigma^2=\sum\limits_{i=1}^{n}(X_i-\bar{E})^2 \times P_i$，其中 X_i 表示i出现时的收益率，P_i 表示i可能出现的概率，$\bar{E}$ 为期望值
      标准差
        方差的开方
        期望值相同的情况下，标准差越大，风险越大
        无风险资产的标准差等于零
      标准差率
        标准差同期望值之比
        通常用符号 V 表示
        ★$V=\sigma/\bar{E} \times 100\%$
        无论期望值是否相同，均可用来比较风险大小，标准差率越大，风险越大

  风险矩阵
    按照风险发生的可能性和风险发生后果的严重程度，将风险绘制在矩阵图中，展示风险及其重要性等级
    企业应用风险矩阵工具方法，一般按照绘制风险矩阵坐标图（包括确定风险矩阵的横纵坐标、制定风险重要性等级标准、分析与评价各项风险、在风险矩阵中描绘出风险点）、沟通报告风险信息和持续修订风险矩阵图等程序进行
    风险矩阵坐标图分析
      横坐标 风险发生可能性
      纵坐标 风险后果严重程度
      判断依据 风险后果严重程度的纵坐标等级可定性描述为"可忽略""微小""中度""严重"（也可采用1、2、3、4等M个半定量分值），风险发生可能性的横坐标等级可定性描述为"极低""低""中等""高"等（也可采用1、2、3、4等N个半定量分值），从而形成M×N个方格区域的风险矩阵图，也可以根据需要通过定量指标更精确地描述风险后果严重程度和风险发生可能性
    优点 为企业确定各项风险重要性等级提供了可视化的工具
    缺点
      需要对风险重要性等级标准、风险发生可能性、后果严重程度等作出主观判断，可能影响使用的准确性
      应用风险矩阵确定的风险重要性等级是通过相互比较确定的，因而无法将列示的个别风险重要性等级通过数学运算得到总体风险的重要性等级

第二节 收益与风险

风险管理

概念　项目或者企业在有风险的环境里，把风险及其可能造成的不良影响降至最低的管理过程

原则

战略性　风险管理主要运用于企业战略管理层面，站在战略层面整合和管理企业层面风险是全面风险管理的价值所在

全员性　企业风险管理是由企业治理层、管理层和所有员工参与，旨在把风险控制在风险容量以内、增加企业价值的过程

专业性　要求风险管理的专业人才实施专业化管理

二重性　企业全面风险管理的商业使命在于：损失最小化管理、不确定性管理和绩效最优化管理。当风险损失不能避免时，尽量减少损失至最小化；风险损失可能发生也可能不发生时，设法降低风险发生的可能性；风险预示着机会时，化风险为增加企业价值的机会

系统性　全面风险管理必须拥有一套系统的、规范的方法，建立健全全面风险管理体系，包括风险管理策略、风险理财措施、风险管理的组织职能体系、风险管理信息系统和内部控制系统，从而为实现风险管理的总体目标提供合理保证

★对策

风险规避　回避、停止或退出蕴含某一风险的商业活动或商业环境，避免成为风险的所有人

风险承担　企业对所面临的风险采取接受的态度，从而承担风险带来的后果
对于企业的重大风险，企业一般不采用风险承担对策

风险转移　企业通过合同将风险转移到第三方，企业对转移后的风险不再拥有所有权
不会降低其可能的严重程度

风险转换　企业通过战略调整等手段将企业面临的风险转换成另一个风险，其简单形式就是在减少某一风险的同时增加另一风险

风险对冲　引入多个风险因素或承担多个风险，使得这些风险能互相冲抵

风险补偿　企业对风险可能造成的损失采取适当的措施进行补偿

风险控制　控制风险事件发生的动因、环境、条件等，来达到减轻风险事件发生时的损失或降低风险事件发生概率的目的

证券资产组合的收益与风险

预期收益率　组成证券资产组合的各种资产收益率的加权平均数，其权数为各种资产在组合中的价值比例

风险及其衡量

两项证券资产组合收益率的方差：$\sigma_p^2 = w_1^2\sigma_1^2 + w_2^2\sigma_2^2 + 2w_1w_2\rho_{1,2}\sigma_1\sigma_2$。式中$\sigma_1$和$\sigma_2$分别表示组合中两项资产收益率的标准差；$w_1$和$w_2$分别表示组合中两项资产所占的价值比例；$\rho_{1,2}$反映两项资产收益率的相关程度

风险分散功能

相关系数　理论上相关系数介于〔-1，1〕内

相关系数等于1，表明两项资产的收益率具有完全正相关的关系，即它们的收益率变化方向和变化幅度完全相同；当两项资产的收益率完全正相关时，两项资产的风险完全不能相互抵消，所以这样的组合不能降低任何风险

相关系数等于-1，表明两项资产的收益率具有完全负相关的关系，即它们的收益率变化方向相反、变化幅度相同；当两项资产的收益率完全负相关时，两项资产的风险可以充分地相互抵消，甚至完全消除。这样的组合能够最大限度地降低风险

★一般情况下证券资产组合能够分散风险，但不能完全消除风险；被分散的风险为非系统风险

非系统性风险

发生于个别公司的特有事件造成的风险

由于非系统性风险是个别公司或个别资产所特有的，因此也称"特殊风险"或"特有风险"。由于非系统性风险可以通过资产组合分散掉，因此也称"可分散风险"

第二节 收益与风险

证券资产组合的收益与风险

风险及其衡量

系统性风险
- 又被称为市场风险或不可分散风险，是影响所有资产的、不能通过资产组合而消除的风险
- 某一资产β值的大小反映了该资产收益率波动与整个市场报酬率波动之间的相关性及程度
- 市场组合相对于它自己的β系数是1

★β值
- β=1：该资产的收益率与市场平均收益率呈同方向、同比例变动，该资产所含的系统性风险与市场组合的系统性风险情况一致
- β>1：该资产的收益率变动幅度大于市场组合收益率的变动幅度，其所含的系统性风险大于市场组合的系统性风险
- β<1：该资产的收益率变动幅度小于市场组合收益率的变动幅度，其所含的系统性风险大于市场组合的系统性风险
- β=0：该资产的系统性风险为0
- 绝大多数资产的β系数是大于0

资本资产定价模型

基本原理
- 基础：必要收益率=无风险收益率+风险收益率
- ★表达式为：$R=R_f+\beta\times(R_m-R_f)$
- R_m还可以称为平均风险的必要收益率、市场组合的必要收益率等，R_f为无风险收益率，(R_m-R_f)称为市场风险溢酬
- 在资本资产定价模型中，计算风险收益率时只考虑了系统性风险，没有考虑非系统性风险，这是因为非系统性风险可以通过资产组合消除，一个充分的投资组合几乎没有非系统性风险

有效性
- 对现实中风险与收益关系最为贴切的表述

局限性
- 某些资产或企业的β值难以估计，特别是新兴行业
- 经济环境的不确定性和不断变化，削弱了依据历史数据估算出来的β值对未来的指导作用
- 资本资产定价模型是建立在一系列假设之上的，其中一些假设与实际情况有较大偏差，使得资本资产定价模型的有效性受到质疑

第三节 成本性态分析

概念

成本性态
- 成本与业务量之间的依存关系

成本性态分析
- 对成本与业务量之间的依存关系进行分析，从而在数量上具体掌握成本与业务量之间关系的规律性，以便为企业正确地进行最优管理决策和改善经营管理提供有价值的资料，按成本性态不同，通常可以把成本区分为固定成本、变动成本和混合成本
- 应用于对短期经营决策、长期投资决策、预算编制、业绩考评及成本控制

固定成本

基本特征
- 在特定的业务量范围内不受业务量变动影响，一定期间的总额能保持相对稳定
- 例如，固定折旧费用、房屋租金、行政管理人员工资、财产保险费、广告费、职工培训费、科研开发费等
- 能够使固定成本保持稳定的特定的业务量范围，称为相关范围
- 固定成本总额不因业务量的变动而变动，但单位固定成本（单位业务量负担的固定成本）会与业务量的增减呈反向变动

图示

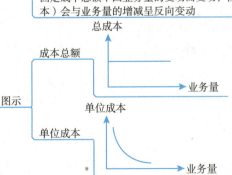
成本总额 总成本 业务量
单位成本 单位成本 业务量

第三节 成本性态分析

固定成本

分类

约束性固定成本
- 也称为"经营能力成本",是管理当局的短期经营决策行动不能改变其具体数额的固定成本
- 例如,房屋租金、固定的设备折旧、管理人员的基本工资、车辆交强险等
- 降低途径:合理利用企业现有的生产能力,提高生产效率,以取得更大的经济效益

酌量性固定成本
- 管理当局的短期经营决策行动能改变其数额的固定成本,发生额大小取决于管理当局的决策行动
- 例如,广告费、职工培训费、新产品研究开发费用等
- 降低途径:厉行节约、精打细算,编制出积极可行的费用预算并严格执行,防止浪费和过度投资等

变动成本

基本特征
- 在特定的业务量范围内,其总额会随业务量的变动而呈正比例变动的
- 例如,直接材料、直接人工、按销售量支付的推销员佣金、装运费、包装费,以及按业务量计提的固定设备折旧等
- 变动成本总额因业务量的变动而呈正比例变动,但单位变动成本不变
- 变动成本和业务量之间的线性关系,通常只在一定的相关范围内存在。在相关范围之外就可能表现为非线性的

图示

成本总额

总成本

业务量

单位成本

单位成本

业务量

分类

技术性变动成本
- 也称约束性变动成本,是由技术或设计关系所决定的变动成本
- 例如,生产一台汽车需要耗用一台引擎、一个底盘和若干轮胎
- 经理人员不能决定技术性变动成本的发生

酌量性变动成本
- 通过管理当局的决策行动可以改变的变动成本
- 例如,按销售收入的一定百分比支付的销售佣金、新产品研制费(如研发活动直接消耗的材料、燃料和动力费用等)、技术转让费等
- 其单位变动成本的发生额可由企业最高管理层决定

★在相关范围内,业务量增加时固定成本不变,只有变动成本随业务量增加而增加,因此总成本的增加额是由变动成本增加引起的

混合成本

基本特征
- 混合成本是"混合"了固定成本和变动成本两种不同性质的成本
- 它们要随业务量的变化而变化;它们的变化又不能与业务量的变化保持着纯粹的正比例关系

分类

半变动成本
- 在有一定初始量的基础上,随着业务量变化而呈正比例变动的成本
- 通常有一个初始的固定基数,在此基数内与业务量的变化无关,这部分成本类似于固定成本;在此基数之上的其余部分,则随着业务量的增加呈正比例增加
- 例如,固定电话费,假设月租费为20元,只能拨打市内电话,每分钟0.1元,则如果某月的通话时间为1分钟,总话费为20.1元;如果某月的通话时间为100分钟,总话费为30元

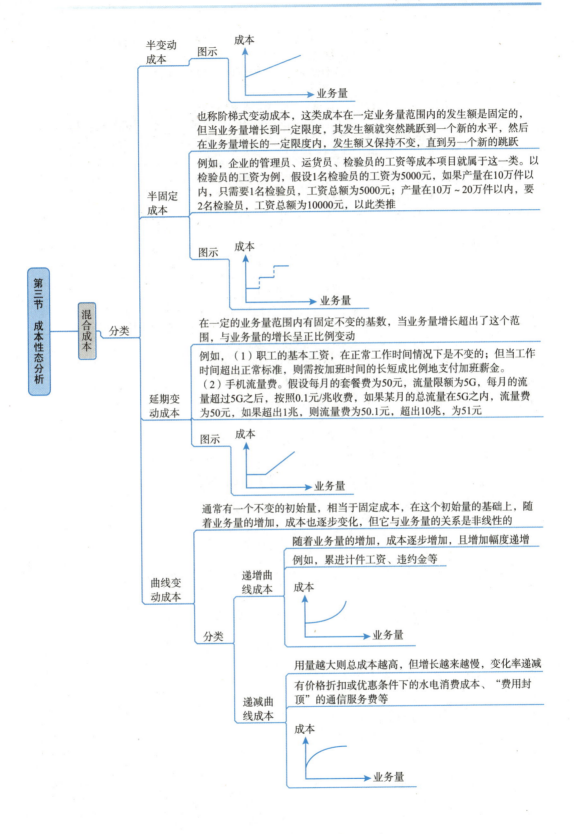

第三节　成本性态分析

混合成本　分类

半变动成本　图示

也称阶梯式变动成本，这类成本在一定业务量范围内的发生额是固定的，但当业务量增长到一定限度，其发生额就突然跳跃到一个新的水平，然后在业务量增长的一定限度内，发生额又保持不变，直到另一个新的跳跃

半固定成本

例如，企业的管理员、运货员、检验员的工资等成本项目就属于这一类。以检验员的工资为例，假设1名检验员的工资为5000元，如果产量在10万件以内，只需要1名检验员，工资总额为5000元；产量在10万～20万件以内，要2名检验员，工资总额为10000元，以此类推

图示

在一定的业务量范围内有固定不变的基数，当业务量增长超出了这个范围，与业务量的增长呈正比例变动

例如，（1）职工的基本工资，在正常工作时间情况下是不变的；但当工作时间超出正常标准，则需按加班时间的长短成比例地支付加班薪金。
（2）手机流量费。假设每月的套餐费为50元，流量限额为5G，每月的流量超过5G之后，按照0.1元/兆收费，如果某月的总流量在5G之内，流量费为50元，如果超出1兆，则流量费为50.1元，超出10兆，为51元

延期变动成本

图示

通常有一个不变的初始量，相当于固定成本，在这个初始量的基础上，随着业务量的增加，成本也逐步变化，但它与业务量的关系是非线性的

曲线变动成本　分类

随着业务量的增加，成本逐步增加，且增加幅度递增

例如，累进计件工资、违约金等

递增曲线成本

用量越大则总成本越高，但增长越来越慢，变化率递减

有价格折扣或优惠条件下的水电消费成本、"费用封顶"的通信服务费等

递减曲线成本

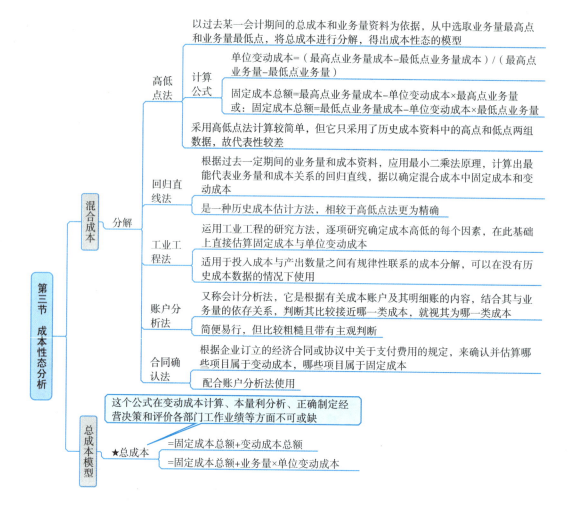

第三节　成本性态分析

混合成本

分解

高低点法

以过去某一会计期间的总成本和业务量资料为依据，从中选取业务量最高点和业务量最低点，将总成本进行分解，得出成本性态的模型

计算公式

单位变动成本=（最高点业务量成本−最低点业务量成本）/（最高点业务量−最低点业务量）

固定成本总额=最高点业务量成本−单位变动成本×最高点业务量

或：固定成本总额=最低点业务量成本−单位变动成本×最低点业务量

采用高低点法计算较简单，但它只采用了历史成本资料中的高点和低点两组数据，故代表性较差

回归直线法

根据过去一定期间的业务量和成本资料，应用最小二乘法原理，计算出最能代表业务量和成本关系的回归直线，据以确定混合成本中固定成本和变动成本

是一种历史成本估计方法，相较于高低点法更为精确

工业工程法

运用工业工程的研究方法，逐项研究确定成本高低的每个因素，在此基础上直接估算固定成本与单位变动成本

适用于投入成本与产出数量之间有规律性联系的成本分解，可以在没有历史成本数据的情况下使用

账户分析法

又称会计分析法，它是根据有关成本账户及其明细账的内容，结合其与业务量的依存关系，判断其比较接近哪一类成本，就视其为哪一类成本

简便易行，但比较粗糙且带有主观判断

合同确认法

根据企业订立的经济合同或协议中关于支付费用的规定，来确认并估算哪些项目属于变动成本，哪些项目属于固定成本

配合账户分析法使用

总成本模型

这个公式在变动成本计算、本量利分析、正确制定经营决策和评价各部门工作业绩等方面不可或缺

★总成本

=固定成本总额+变动成本总额

=固定成本总额+业务量×单位变动成本

第三章　预算管理

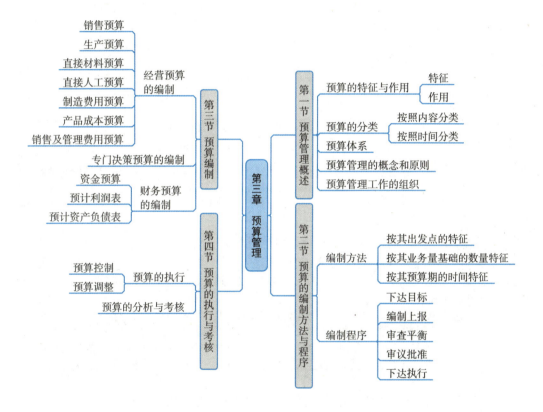

第一节　预算管理概述

- 预算的特征与作用
  - 特征
    - （1）预算与企业的战略目标保持一致
    - （2）预算是数量化的并具有可执行性
  - 作用
    - （1）预算通过规划、控制和引导经济活动，使企业经营达到预期目标
    - （2）预算可以实现企业内部各个部门之间的协调
    - （3）预算是业绩考核的重要依据

- 预算的分类
  - 按照内容分类
    - 经营预算：是指与企业日常业务直接相关的一系列预算，包括销售预算、生产预算、采购预算、费用预算、人力资源预算等
    - 专门决策预算：是指企业重大的或不经常发生的、需要根据特定决策编制的预算，包括投融资决策预算等
    - 财务预算：是指与企业资金收支、财务状况或经营成果等有关的预算，包括资金预算、预计资产负债表、预计利润表等
  - 按照时间分类
    - 短期预算：预算期在1年以内（含1年）
    - 长期预算：预算期在1年以上

- 预算体系
  - 各种预算是一个有机联系的整体
  - 全面预算体系：由经营预算、专门决策预算和财务预算组成的预算体系

- 预算管理的概念和原则
  - 预算管理
    - 是指企业以战略目标为导向，通过对未来一定期间内的经营活动和相应的财务结果进行全面预测和筹划，科学、合理地配置企业各项财务和非财务资源，并对执行过程进行监督和分析，对执行结果进行评价和反馈，指导经营活动的改善和调整，进而推动实现企业战略目标的管理活动
  - 预算管理原则
    - 战略导向原则　应围绕企业的战略目标和业务计划有序开展
    - 过程控制原则　应通过及时监控、分析等把握预算目标的实现进度并实施有效评价
    - 融合性原则　应以业务为先导、以财务为协同，将预算管理嵌入企业经营管理活动的各个领域、层次、环节
    - 平衡管理原则　应平衡长期目标与短期目标、整体利益与局部利益、收入与支出、结果与动因等关系，促进企业可持续发展
    - 权变性原则　应刚性与柔性相结合，强调预算对经营管理的刚性约束，又可根据内外环境的重大变化调整预算，并针对例外事项进行特殊处理

- 预算管理工作的组织
  - 董事会或类似机构　应当对企业预算的管理工作负总责
  - 预算管理委员会　审批公司预算管理制度、政策，审议年度预算草案或预算调整草案并报董事会等机构审批，监控、考核本单位的预算执行情况并向董事会报告，协调预算编制、预算调整及预算执行中的有关问题等
  - 财务管理部门　负责企业预算的跟踪管理，监督预算的执行情况，分析预算与实际执行的差异及原因，提出改进管理的意见与建议
  - 内部各职能部门　具体负责本部门业务涉及的预算编制、执行、分析等工作，并配合预算管理委员会或财务管理部门做好企业总预算的综合平衡、协调、分析、控制与考核等工作
  - 所属基层单位　是企业预算的基本单位

增量预算法
- 以过去的费用发生水平为基础
  - 定义：是指以历史期实际经济活动及其预算为基础，结合预算期经济活动及相关影响因素的变动情况，通过调整历史期经济活动项目及金额形成预算的编制方法
  - 编制假设
    - 企业现有业务活动是合理的，不需要进行调整
    - 企业现有各项业务的开支水平是合理的，在预算期予以保持
    - 以现有业务活动和各项活动的开支水平，确定预算期各项活动的预算数
  - 优点：编制工作量小
  - 缺点：导致无效费用开支无法得到有效控制，使得不必要开支合理化，造成浪费

零基预算法
- 适用于企业各项预算的编制
  - 定义：是指企业不以历史期经济活动及其预算为基础，以零为起点，从实际需要出发分析预算期经济活动的合理性，经综合平衡，形成预算的编制方法
  - 应用程序
    - 明确预算编制标准
    - 制订业务计划
    - 编制预算草案
    - 审定预算方案
  - 优点
    - 以零为起点编制预算，不受历史期经济活动中的不合理因素影响，能够灵活应对内外环境的变化
    - 有助于增加预算编制透明度，有利于进行预算控制
  - 缺点
    - 预算编制工作量较大、成本较高
    - 预算编制的准确性受企业管理水平和相关数据标准准确性影响较大
  - 适用范围：适用于企业各项预算的编制，特别是不经常发生的预算项目或预算编制基础变化较大的预算项目

第二节 预算的编制方法与程序
编制方法
- 按其出发点的特征
- 按其业务量基础的数量特征

固定预算法
- 定义：又称静态预算法，是指以预算期内正常的、最可实现的某一业务量（是指企业产量、销售量、作业量等与预算项目相关的弹性变量）水平为固定基础，不考虑可能发生的变动的预算编制方法
- 优点：编制相对简单，也容易使管理者理解
- 缺点
  - 适应性差
  - 可比性差

弹性预算法
- 定义：又称动态预算法，是指企业在分析业务量与预算项目之间数量依存关系的基础上，分别确定不同业务量及其相应预算项目所消耗资源的预算编制方法
- 优点：考虑了预算期可能的不同业务量水平，更贴近企业经营管理实际情况
- 缺点
  - 编制工作量大
  - 市场及其变动趋势预测的准确性、预算项目与业务量之间依存关系的判断水平等会对弹性预算的合理性造成较大影响
- 具体方法
  - 公式法
    - 定义：是运用总成本性态模型，测算预算期的成本费用数额，并编制成本费用预算的方法
    - 公式：$y=a+bx$
      - y：某项预算成本总额；a：该项成本中的固定基数；b：与业务量相关的弹性定额；x：预计业务量
    - 优点：在一定范围内计算任何业务量的预算成本，可比性和适应性强，编制预算的工作量相对较小
    - 缺点：按公式进行成本分解比较麻烦，对每个费用子项目甚至细目逐一进行成本分解，工作量很大

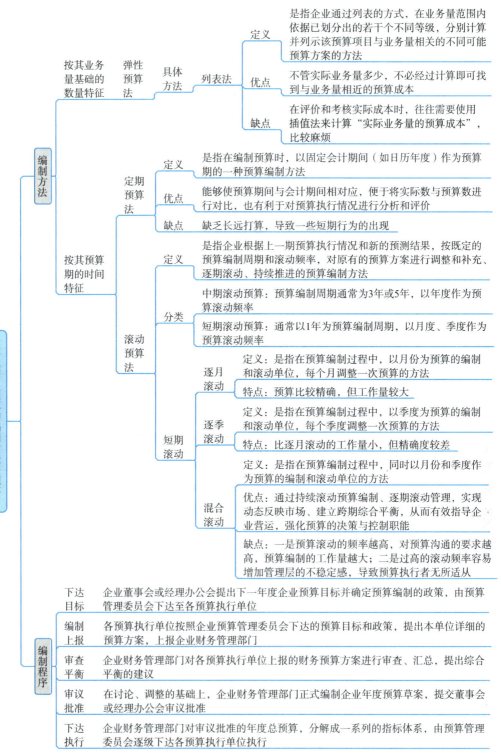

第二节 预算的编制方法与程序

编制方法

按其业务量基础的数量特征

弹性预算法 — **具体方法** — **列表法**

- **定义**：是指企业通过列表的方式，在业务量范围内依据已划分出的若干个不同等级，分别计算并列示该预算项目与业务量相关的不同可能预算方案的方法
- **优点**：不管实际业务量多少，不必经过计算即可找到与业务量相近的预算成本
- **缺点**：在评价和考核实际成本时，往往需要使用插值法来计算"实际业务量的预算成本"，比较麻烦

按其预算期的时间特征

定期预算法
- **定义**：是指在编制预算时，以固定会计期间（如日历年度）作为预算期的一种预算编制方法
- **优点**：能够使预算期间与会计期间相对应，便于将实际数与预算数进行对比，也有利于对预算执行情况进行分析和评价
- **缺点**：缺乏长远打算，导致一些短期行为的出现

滚动预算法
- **定义**：是指企业根据上一期预算执行情况和新的预测结果，按既定的预算编制周期和滚动频率，对原有的预算方案进行调整和补充、逐期滚动、持续推进的预算编制方法
- **分类**：
  - 中期滚动预算：预算编制周期通常为3年或5年，以年度作为预算滚动频率
  - 短期滚动预算：通常以1年为预算编制周期，以月度、季度作为预算滚动频率

  短期滚动
  - **逐月滚动**
    - 定义：是指在预算编制过程中，以月份为预算的编制和滚动单位，每个月调整一次预算的方法
    - 特点：预算比较精确，但工作量较大
  - **逐季滚动**
    - 定义：是指在预算编制过程中，以季度为预算的编制和滚动单位，每个季度调整一次预算的方法
    - 特点：比逐月滚动的工作量小，但精确度较差
  - **混合滚动**
    - 定义：是指在预算编制过程中，同时以月份和季度作为预算的编制和滚动单位的方法
    - 优点：通过持续滚动预算编制、逐期滚动管理，实现动态反映市场、建立跨期综合平衡，从而有效指导企业营运、强化预算的决策与控制职能
    - 缺点：一是预算滚动的频率越高，对预算沟通的要求越高，预算编制的工作量越大；二是过高的滚动频率容易增加管理层的不稳定感，导致预算执行者无所适从

编制程序

- **下达目标**：企业董事会或经理办公会提出下一年度企业预算目标并确定预算编制的政策，由预算管理委员会下达至各预算执行单位
- **编制上报**：各预算执行单位按照企业预算管理委员会下达的预算目标和政策，提出本单位详细的预算方案，上报企业财务管理部门
- **审查平衡**：企业财务管理部门对各预算执行单位上报的财务预算方案进行审查、汇总，提出综合平衡的建议
- **审议批准**：在讨论、调整的基础上，企业财务管理部门正式编制企业年度预算草案，提交董事会或经理办公会审议批准
- **下达执行**：企业财务管理部门对审议批准的年度总预算，分解成一系列的指标体系，由预算管理委员会逐级下达各预算执行单位执行

第三节 预算编制

经营预算的编制

销售预算
- 整个预算的编制起点
- 定义：是指在销售预测的基础上根据销售计划编制的，用于规划预算期销售活动的一种经营预算
- 基础公式：销量收入=预计销量×预计单价
- 提供资金预算的数据：预计现金收入=当期销售收入×当期销售在当期收现百分比+前期销售收入×前期销售在当期收现百分比

生产预算
- 定义：是为规划预算期生产规模而编制的一种经营预算，它是在销售预算的基础上编制的，并可以作为编制直接材料预算和产品成本预算的依据
- 基础公式：
  - 预计生产量=预计销售量+预计期末产成品存货−预计期初产成品存货
  - 预计期末产成品存货=下期销售量×期末存货占销售量的百分比
  - 预计期初产成品存货=上期期末产成品存货
- 特点：只涉及实物量指标，不涉及价值量指标

直接材料预算
- 定义：是为了规划预算期直接材料采购业务的一种经营预算
- 基础公式：
  - 预计材料采购量=生产需用量+期末材料存量−期初材料存量
  - 生产需用量=预计生产量×单位产品材料耗用量
  - 期末存量=下期生产需用量×留存百分比
  - 期初存量=上期期末存量
  - 预计采购金额=预计采购量×材料单价

直接人工预算
- 定义：是一种既要反映预算期内人工工时消耗水平，又要规划人工成本开支的经营预算
- 基础公式：
  - 人工总工时=预计生产量×单位产品工时
  - 人工总成本=人工总工时×每小时人工成本

制造费用预算
- 变动制造费用预算：
  - 如果有完善的标准成本资料，用单位产品的标准成本与产量相乘，即可得到相应的预算金额
  - 如果没有标准成本资料，需要逐项预计计划产量需要的各项制造费用
- 固定制造费用预算：需要逐项进行预计，通常与本期产量无关，按每季度实际需要的支付额预计，然后求出全年数

产品成本预算
- 定义：是销售预算、生产预算、直接材料预算、直接人工预算、制造费用预算的汇总

销售及管理费用预算
- 销售费用预算是指为了实现销售预算所需支付的费用预算
- 管理费用预算是指为了搞好一般管理业务所必需的费用预算

专门决策预算的编制
- 定义：是指与项目投资决策相关的专门预算，它往往涉及长期建设项目的资金投放与筹集，并经常跨越多个年度
- 编制依据：项目财务可行性分析资料以及企业筹资决策资料

财务预算的编制

资金预算
- 编制依据：经营预算和专门决策预算
- 内容：可供使用现金、现金支出、现金余缺、现金筹措与运用
- 关系公式：
  - 可供使用现金=期初现金余额+现金收入
  - 现金余缺=可供使用现金−现金支出
  - 期末现金余额=现金余缺+现金筹措−现金运用

预计利润表
- 反映企业在计划期的预计经营成果，是企业最主要的财务预算表之一
- 编制依据：各经营预算、专门决策预算和资金预算

预计资产负债表
- 编制全面预算的终点
- 反映企业在计划期期末预计的财务状况
- 编制依据：需以计划期开始日的资产负债表为基础，结合计划期间各项经营预算、专门决策预算、资金预算和预计利润表进行编制

第四节　预算的执行与考核

预算的执行

预算控制　是指企业以预算为标准，通过预算分解、过程监督、差异分析等促使日常经营不偏离预算标准的管理活动

预算调整　年度预算经批准后，原则上不作调整。企业应在制度中严格明确预算调整的条件、主体、权限和程序等事宜，当内外战略环境发生重大变化或突发重大事件等，导致预算编制的基本假设发生重大变化时，可进行预算调整

要求
（1）预算调整事项不能偏离企业发展战略
（2）预算调整方案应当在经济上能够实现最优化
（3）预算调整重点应当放在预算执行中出现的重要的、非正常的、不符合常规的关键性差异方面

预算的分析与考核

企业应当建立预算分析制度，由预算管理委员会定期召开预算执行分析会议，全面掌握预算的执行情况，研究、解决预算执行中存在的问题，纠正预算的执行偏差

预算考核主体和考核对象的界定应坚持上级考核下级、逐级考核、预算执行与预算考核职务相分离的原则

第四章　筹资管理（上）

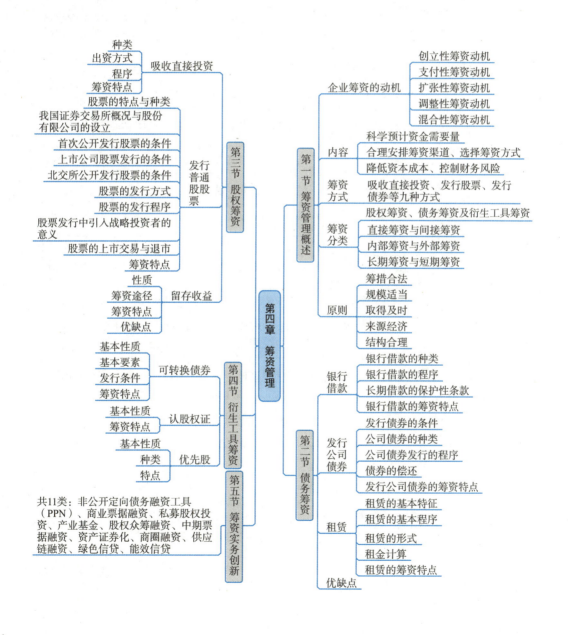

第四章 筹资管理

第一节 筹资管理概述

- 企业筹资的动机
  - 创立性筹资动机
  - 支付性筹资动机
  - 扩张性筹资动机
  - 调整性筹资动机
  - 混合性筹资动机
- 内容
  - 科学预计资金需要量
  - 合理安排筹资渠道、选择筹资方式
  - 降低资本成本、控制财务风险
- 筹资方式
  - 吸收直接投资、发行股票、发行债券等九种方式
- 筹资分类
  - 股权筹资、债务筹资及衍生工具筹资
  - 直接筹资与间接筹资
  - 内部筹资与外部筹资
  - 长期筹资与短期筹资
- 原则
  - 筹措合法
  - 规模适当
  - 取得及时
  - 来源经济
  - 结构合理

第二节 债务筹资

- 银行借款
  - 银行借款的种类
  - 银行借款的程序
  - 长期借款的保护性条款
  - 银行借款的筹资特点
- 发行公司债券
  - 发行债券的条件
  - 公司债券的种类
  - 公司债券发行的程序
  - 债券的偿还
  - 发行公司债券的筹资特点
- 租赁
  - 租赁的基本特征
  - 租赁的基本程序
  - 租赁的形式
  - 租金计算
  - 租赁的筹资特点
- 优缺点

第三节 股权筹资

- 吸收直接投资
  - 种类
  - 出资方式
  - 程序
  - 筹资特点
- 发行普通股股票
  - 股票的特点与种类
  - 我国证券交易所概况与股份有限公司的设立
  - 首次公开发行股票的条件
  - 上市公司股票发行的条件
  - 北交所公开发行股票的条件
  - 股票的发行方式
  - 股票的发行程序
  - 股票发行中引入战略投资者的意义
  - 股票的上市交易与退市
  - 筹资特点
- 留存收益
  - 性质
  - 筹资途径
  - 筹资特点
  - 优缺点

第四节 衍生工具筹资

- 可转换债券
  - 基本性质
  - 基本要素
  - 发行条件
  - 筹资特点
- 认股权证
  - 基本性质
  - 筹资特点
- 优先股
  - 基本性质
  - 种类
  - 特点

第五节 筹资实务创新

- 共11类：非公开定向债务融资工具（PPN）、商业票据融资、私募股权投资、产业基金、股权众筹融资、中期票据融资、资产证券化、商圈融资、供应链融资、绿色信贷、能效信贷

第
一
节
筹
资
管
理
概
述

定义　企业为了满足经营活动、投资活动、资本结构管理和其他需要，运用一定的筹资方式，通过一定的筹资渠道，筹措和获取所需资金的一种财务行为

基本目的　为了企业经营的维持和发展，即为企业的经营活动提供资金保障，但每次具体的筹资行为，往往受特定动机的驱动

动机

创立性筹资动机
- 企业设立时，为取得资本金并形成开展经营活动的基本条件而产生的筹资动机
- 企业创建时，要按照企业经营规模预计长期资本需要量和流动资金需要量、购建厂房设备等，安排铺底流动资金，形成企业的经营能力

支付性筹资动机
- 为了满足经营业务活动的正常波动所形成的支付需要而产生的筹资动机
- 企业在开展经营活动过程中，经常会出现超出维持正常经营活动资金需求的季节性、临时性的交易支付需要，如原材料购买的大额支付、员工工资的集中发放、银行借款的偿还、股东股利的发放等

扩张性筹资动机
- 企业因扩大经营规模或满足对外投资需要而产生的筹资动机
- 扩张性筹资的直接结果，往往是企业资产总规模的增加和资本结构的明显变化

调整性筹资动机
- 企业因调整资本结构而产生的筹资动机
- 调整性筹资的目的在于调整资本结构，而不是为企业经营活动追加资金，这类筹资通常不会增加企业的资本总额

混合性筹资动机
- 混合性筹资动机一般是基于企业规模扩张和调整资本结构两种目的，兼具扩张性筹资动机和调整性筹资动机的特性，同时增加了企业的资产总额和资本总额，也导致企业的资产结构和资本结构同时变化

内容

科学预计资金需要量
- 在正常情况下，企业资金的需求来源于两个基本目的：一是满足经营运转的资金需要；二是满足投资发展的资金需要
- 企业创立时，要按照规划的生产经营规模，预计长期资本需要量和流动资金需要量
- 企业正常营运时，要根据年度经营计划和资金周转水平，预计维持日常营业活动的资金需求量
- 企业扩张发展时，要根据扩张规模或对外投资的大额资金需求，安排专项资金

合理安排筹资渠道、选择筹资方式

筹资渠道
- 直接筹资　企业通过与投资者签订协议或发行股票、债券等方式直接从社会取得资金
- 间接筹资　企业通过银行等金融机构以信贷关系间接从社会取得资金

筹资方式
- 外部筹资
  - 股权筹资　吸收直接投资、发行股票
  - 债务筹资　银行借款、发行债券、利用商业信用、租赁等
- 内部筹资　利润留存积累

降低资本成本、控制财务风险

资本成本
- 筹资费用
- 占用费用

财务风险　企业无法足额偿付到期债务的本金和利息的风险，主要表现为偿债风险

- 企业要权衡债务清偿的财务风险，合理利用资本成本较低的资金种类，努力降低企业的资本成本率
- 企业筹集资金在降低资本成本的同时，要充分考虑财务风险，防范引发企业破产的财务危机

第一节 筹资管理概述

筹资方式

定义：企业筹集资金所采取的具体形式，它受到法律环境、经济体制、融资市场等筹资环境的制约，特别是受国家对金融市场和融资行为方面的法律法规制约

具体方式

- **吸收直接投资**（股权筹资）
  - 企业以投资合同、协议等形式定向地吸收国家、法人单位、自然人等投资主体资金
  - 主要适用于非股份制公司筹集股权资本

- **发行股票**（股权筹资）
  - 企业以发售股票的方式取得资金
  - 股票的发售对象，可以是社会公众，也可以是定向的特定投资主体。只有股份有限公司才能发行股票，故这种筹资方式只适用于股份有限公司，而且必须以股票作为载体

- **发行债券**（债务筹资）
  - 企业以发售公司债券的方式取得资金
  - 除了地方政府融资平台公司以外，所有公司制法人，均可以发行公司债券。公司债券是公司依照法定程序发行、约定还本付息期限、标明债权债务关系的有价证券
  - 适用于向法人单位和自然人两种渠道筹资

- **向金融机构借款**（债务筹资）
  - 企业根据借款合同从银行或非银行金融机构取得资金
  - 广泛适用于各类企业，它既可以筹集长期资金，也可以用于短期融通资金，具有灵活、方便的特点

- **租赁**（债务筹资）
  - 在一定期间内，出租人将资产使用权让与承租人以获取对价的合同
  - 不直接取得货币性资金，通过租赁信用关系，直接取得实物资产，快速形成生产经营能力，然后通过向出租人分期交付租金方式偿还资产的价款

- **商业信用**（债务筹资）
  - 企业之间在商品或劳务交易中，由于延期付款或延期交货所形成的借贷信用关系
  - 是企业短期资金的一种重要的和经常性的来源

- **留存收益**（债务筹资）
  - 企业从税后利润中提取的盈余公积金以及从企业可供分配利润中留存的未分配利润
  - 是企业将当年利润转化为股东对企业追加投资的过程

- **发行可转换债券**（混合筹资方式，也称为衍生工具筹资）
  - 可转换债券是指由发行公司发行并规定债券持有人在一定期间内依据约定条件可将其转换为发行公司股票的债券
  - 可转换债券的期限最短为1年，最长为6年，自发行结束之日起6个月方可转换为公司股票
  - 兼有股权筹资和债务筹资性质

- **发行优先股股票**（混合筹资方式，也称为衍生工具筹资）
  - 优先股指有优先权的股票，优先股股东优先于普通股股东分配公司利润和剩余财产，对公司事务无表决权
  - 优先股的股息率通常事先固定，一般按面值的一定百分比来计算，有类似债券的特征
  - 兼有股权筹资和债务筹资性质

★筹资分类

按企业所取得资金的权益特性不同

- **股权筹资**
  - 股权筹资形成股权资本
  - **股权资本**
    - **定义**：股东投入的、企业依法长期拥有、能够自主调配运用的资本。股权资本在企业持续经营期间，投资者不得抽回，因而也称为企业的自有资本、主权资本或权益资本
    - **取得方式**：吸收直接投资、发行股票、内部积累等
    - **特征**：股权资本一般不用偿还本金，形成了企业的永久性资本，因而财务风险小，但付出的资本成本相对较高
    - **构成**：实收资本（股本）、资本公积、盈余公积和未分配利润

第一节　筹资管理概述 — ★筹资分类

- 按企业所取得资金的权益特性不同
  - 债务筹资
    - 债务筹资形成债务资本
    - 债务资金
      - 定义　企业按合同向债权人取得的，在规定期限内需要清偿的债务
      - 取得方式　向金融机构借款、发行债券、租赁等
      - 特征　由于债务资金到期要归还本金和支付利息，债权人对企业的经营状况不承担责任，因而债务资金具有较大的财务风险，但付出的资本成本相对较低
    - 永续债
      - 定义　一种没有明确到期日或者期限非常长，投资者不能在一个确定的时间点得到本金，但是可以定期获取利息的债券，实质是一种介于债权和股权之间的融资工具
      - 类型　目前国内已发行的永续债债券类型主要有可续期企业债、可续期定向融资工具、可续期公司债、永续中票等
      - 与普通债券的区别　永续债不设定债券到期日；永续债票面利率较高，一般远远高于同期国债收益率；大多数永续债的附加条款中包括赎回条款以及利率调整条款
  - 衍生工具筹资
    - 定义　兼具股权与债务筹资性质
    - 类型　混合融资和其他衍生工具融资
    - 常见形式　我国上市公司目前最常见的混合融资方式有可转换债券融资和优先股筹资，最常见的其他衍生工具融资方式是认股权证融资
- 按是否借助于金融机构为媒介来获取社会资金
  - 直接筹资
    - 定义　企业直接与资金供应者协商融通资金，不需要通过金融机构来筹措资金，而是直接从社会取得资金
    - 取得方式　发行股票、发行债券、吸收直接投资等
    - 特征　筹资手续比较复杂，筹资费用较高；但筹资领域广阔，能够直接利用社会资金，有利于提高企业的知名度和资信度
  - 间接筹资
    - 定义　企业借助银行和非银行金融机构而筹集资金。银行等金融机构发挥中介作用，预先集聚资金，然后提供给企业。间接筹资主要形成债务资金
    - 取得方式　基本方式是银行借款，此外还有租赁等方式
    - 特征　手续相对比较简便，筹资效率高，筹资费用较低，但容易受金融政策的制约和影响
- 按资金的来源范围不同
  - 内部筹资
    - 定义　企业通过利润留存而形成的筹资来源
    - 特征
      - 数额大小主要取决于企业可分配利润的多少和利润分配政策
      - 一般无须花费筹资费用
  - 外部筹资
    - 定义　企业向外部筹措资金而形成的筹资来源
    - 特征　企业向外部筹资大多需要花费一定的筹资费用
- 按所筹集资金的使用期限不同
  - 长期筹资
    - 定义　企业筹集使用期限在1年以上的资金
    - 用途　形成和更新企业的生产和经营能力，或扩大企业生产经营规模，或为对外投资筹集资金
      - 购建固定资产、形成无形资产、进行对外长期投资、垫支铺底流动资金、产品和技术研发等
    - 取得方式　吸收直接投资、发行股票、发行债券、长期借款、租赁等方式
  - 短期筹资
    - 定义　企业筹集使用期限在1年以内的资金
    - 用途　企业的流动资产和资金日常周转
    - 取得方式　通过商业信用、短期借款、保理业务等方式

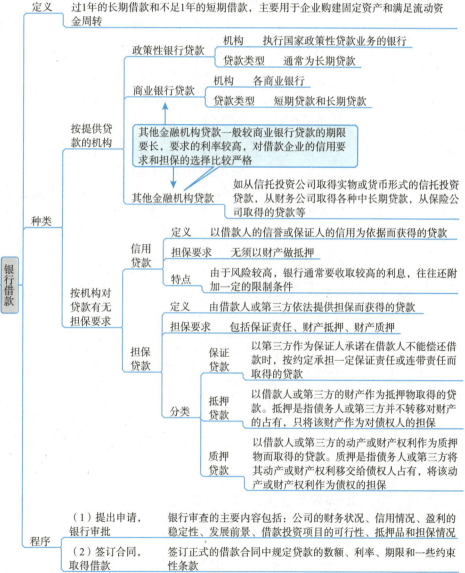

第一节　筹资管理概述

筹资管理的原则

基本要求　在严格遵守国家法律法规的基础上，分析影响筹资的各种因素，权衡资金的性质、数量、成本和风险，合理选择筹资方式，提高筹资效果

原则
　筹措合法　遵循国家法律法规，合法筹措资金
　规模适当　根据生产经营及其发展的需要，合理安排资金需求
　取得及时　合理安排筹资时间，适时取得资金
　来源经济　充分利用各种筹资渠道，选择经济、可行的资金来源
　结构合理　综合考虑各种筹资方式，优化资本结构

第二节　债务筹资

银行借款

定义　企业向银行或其他非银行金融机构借入的、需要还本付息的款项，包括偿还期限超过1年的长期借款和不足1年的短期借款，主要用于企业购建固定资产和满足流动资金周转

种类

按提供贷款的机构

政策性银行贷款
　机构　执行国家政策性贷款业务的银行
　贷款类型　通常为长期贷款

商业银行贷款
　机构　各商业银行
　贷款类型　短期贷款和长期贷款

其他金融机构贷款一般较商业银行贷款的期限要长，要求的利率较高，对借款企业的信用要求和担保的选择比较严格

其他金融机构贷款　如从信托投资公司取得实物或货币形式的信托投资贷款，从财务公司取得各种中长期贷款，从保险公司取得的贷款等

按机构对贷款有无担保要求

信用贷款
　定义　以借款人的信誉或保证人的信用为依据而获得的贷款
　担保要求　无须以财产做抵押
　特点　由于风险较高，银行通常要收取较高的利息，往往还附加一定的限制条件

担保贷款
　定义　由借款人或第三方依法提供担保而获得的贷款
　担保要求　包括保证责任、财产抵押、财产质押

分类
　保证贷款　以第三方作为保证人承诺在借款人不能偿还借款时，按约定承担一定保证责任或连带责任而取得的贷款
　抵押贷款　以借款人或第三方的财产作为抵押物取得的贷款。抵押是指债务人或第三方并不转移对财产的占有，只将该财产作为对债权人的担保
　质押贷款　以借款人或第三方的动产或财产权利作为质押物而取得的贷款。质押是指债务人或第三方将其动产或财产权利移交给债权人占有，将该动产或财产权利作为债权的担保

程序
　（1）提出申请，银行审批　银行审查的主要内容包括：公司的财务状况、信用情况、盈利的稳定性、发展前景、借款投资项目的可行性、抵押品和担保情况
　（2）签订合同，取得借款　签订正式的借款合同中规定贷款的数额、利率、期限和一些约束性条款

长期借款的保护性条款 —— 定义 —— 长期借款的金额高、期限长、风险大，除借款合同的基本条款之外，债权人通常还在借款合同中附加各种保护性条款，以确保企业按要求使用借款和按时足额偿还借款

分类 —— 例行性保护条款 —— 例行条款，在大多数借款合同中都会出现

主要包括：（1）定期向提供贷款的金融机构提交公司财务报表。（2）保持存货储备量。（3）及时清偿债务，包括到期清偿应缴纳税金和其他债务。（4）不准以资产作其他承诺担保或抵押。（5）不准贴现应收票据或出售应收账款

一般性保护条款 —— 对企业资产的流动性及偿债能力等方面的要求条款，这类条款应用于大多数借款合同

主要包括：（1）保持企业的资产流动性。（2）限制企业非经营性支出。（3）限制企业资本支出的规模。（4）限制公司再举债规模。（5）限制公司的长期投资

特殊性保护条款 —— 针对某些特殊情况而出现在部分借款合同中的条款，只有在特殊情况下才能生效

主要包括：（1）要求公司的主要领导人购买人身保险。（2）借款的用途不得改变。（3）违约惩罚条款等

筹资特点
- 筹资速度快 —— 银行借款的程序相对简单，所花时间较短
- 资本成本较低 —— 无须支付证券发行费用、租赁手续费用等筹资费
- 筹资弹性较大 —— 借款筹资对公司具有较大的灵活性，特别是短期借款更是如此
- 限制条款多 —— 银行借款合同对借款用途有明确规定，通过借款的保护性条款，对公司资本支出额度、再筹资、股利支付等行为有严格的约束
- 筹资数额有限 —— 银行借款的数额往往受到贷款机构资本实力的制约

银行借款

第二节 债务筹资

发行公司债券

定义 —— 公司依照法定程序发行、约定在一定期限还本付息的有价证券。债券是持券人拥有公司债权的书面证书，它代表债券持有人与发债公司之间的债权债务关系

发行条件 —— 根据《公司法》的规定，股份有限公司和有限责任公司，具有发行债券的资格

（1）具备健全且运行良好的组织机构。（2）最近3年平均可分配利润足以支付公司债券1年的利息。（3）国务院规定的其他条件

公开发行公司债券筹集的资金，必须按照公司债券募集办法所列资金用途使用；改变资金用途，必须经债券持有人会议作出决议。公开发行债券筹措的资金，不得用于弥补亏损和非生产性支出

种类
- 按是否记名 —— 记名债券 —— 应当在公司债券存根簿载明债券持有人的姓名等信息
  - 由债券持有人以背书方式或者法律、行政法规规定的其他方式转让；转让后由公司将受让人的姓名或者名称及住所记载于公司债券存根簿
  - 无记名债券 —— 在公司债券存根簿不记载持有人的姓名
  - 由债券持有人将该债券交付给受让人后即发生转让的效力
- 按是否能够转换成公司股权 —— 可转换债券 —— 债券持有者可以在规定的时间内按规定的价格转换为股票的一种债券，发行时详细规定了债券转换为股票的价格和比率等
  - 根据《公司法》规定，可转换债券的发行主体是股份有限公司中的上市公司
  - 不可转换债券 —— 不能转换为股票的债券，大多数公司债券属于这种类型
- 按有无特定财产担保 —— 担保债券 —— 以抵押方式担保发行人按期还本付息的债券，主要是指抵押债券
  - 按抵押品的不同分为不动产抵押债券、动产抵押债券和证券信托抵押债券
  - 信用债券 —— 仅凭公司自身信用发行的、没有抵押品作抵押担保的债券
  - 在公司清算时，信用债券的持有人只能作为一般债权人参与剩余财产的分配

种类
- 按是否公开发行
  - 公开发行债券
    - 资信状况符合规定标准的公司债券可以向公众投资者公开发行，也可以自主选择仅面向专业投资者公开发行
    - 未达到规定标准的公司债券公开发行应当面向专业投资者
  - 非公开发行债券　向专业投资者发行

发行程序
- （1）作出发债决议。（2）提出发债申请。（3）公告募集办法。公司债券募集分为公募发行和私募发行。（4）委托证券经营机构包售。承销方式分为代销和包销：代销是指承销机构代为推销债券，在约定期限内未售出的余额可退还发行公司，承销机构不承担发行风险；包销是由承销团先购入发行公司拟发行的全部债券，然后再出售给社会上的投资者，如果约定期限内未能全部售出，余额要由承销团负责认购。（5）交付债券，收缴债券款

偿还
- 提前偿还
  - 又称提前赎回或收回，是指在债券尚未到期之前就予以偿还
  - 只有在公司发行债券的契约中明确规定了有关允许提前偿还的条款，公司才可以进行此项操作。具有提前偿还条款的债券可使公司筹资有较大的弹性
  - 提前偿还所支付的价格通常要高于债券的面值，并随到期日的临近而逐渐下降
- 到期偿还
  - 分批偿还
    - 如果一个公司在发行同一种债券的当时就为不同编号或不同发行对象的债券规定了不同的到期日，这种债券就是分批偿还债券
    - 因为各批债券的到期日不同，它们各自的发行价格和票面利率也可能不相同，从而导致发行费较高；但由于这种债券便于投资人挑选最合适的到期日，因而便于发行
  - 一次偿还
    - 多数情况下，发行债券的公司在债券到期日，一次性归还债券本金，并结算债券利息

筹资特点
- 一次筹资数额大
  - 这是与银行借款、租赁等债务筹资方式相比，企业选择发行公司债券筹资的主要原因
- 筹资使用限制少
  - 与银行借款相比，发行债券募集的资金在使用上具有相对的灵活性和自主性
- 资本成本较高
  - 相对于银行借款筹资，发行债券的利息负担和筹资费用都比较高，而且债券不能像银行借款一样进行债务展期，加上大额的本金和较高的利息，在固定的到期日，将会对公司现金流量产生巨大的财务压力
- 提高公司社会声誉
  - 发行公司债券，往往是有实力的股份有限公司和有限责任公司所为

相关定义
- 租赁
  - 通过签订资产出让合同的方式，使用资产的一方（承租方）通过支付租金，向出让资产的一方（出租方）取得资产使用权的一种交易行为。在这项交易中，承租方通过得到所需资产的使用权，完成了筹集资金的行为
- 使用权资产　承租人可在租赁期内使用租赁资产的权利

会计处理
- 短期租赁和低价值资产租赁
  - 在租赁期内各个期间按照直线法或其他系统合理的方法计入相关资产成本或当期损益
- 其他租赁
  - 均确认使用权资产与租赁负债
  - 使用权资产
    - 使用权资产应当按照成本进行初始计量
    - 该成本包括：（1）租赁负债的初始计量金额。（2）在租赁期开始日或之前支付的租赁付款额，存在租赁激励的，扣除已享受的租赁激励相关金额。（3）承租人发生的初始直接费用。（4）承租人为拆卸及移除租赁资产、复原租赁资产所在场地或将租赁资产恢复至租赁条款约定状态预计将发生的成本
  - 租赁负债
    - 按租赁期开始日尚未支付的租赁付款额的现值进行初始计量
    - 计算租赁付款额的现值时，首选租赁内含利率，无法确定时采用承租人增量借款利率

第二节　债务筹资
- 发行公司债券
- 租赁

租赁 — 特征:

- 所有权与使用权相分离：银行信用虽然也是所有权与使用权相分离，但载体是货币资金，租赁则是资金与实物相结合基础上的分离
- 融资与融物相结合：租赁的这一特点使银行信贷和财产信贷融合在一起，成为企业融资的一种特定形式
- 租金分期支付：出租方的资金一次投入，分期收回；承租方通过租赁可以提前获得资产的使用价值，分期支付租金便于分期规划未来的现金流出量

基本程序：（1）选择租赁公司，提出委托申请；（2）签订购货协议；（3）签订租赁合同；（4）交货验收；（5）定期交付租金；（6）合同期满处理设备

形式：

- 直接租赁
  - 租赁的主要形式
  - 承租方提出租赁申请时，出租方按承租方的要求选购设备，然后再出租给承租方
- 售后回租：承租方出于急需资金等各种原因，将自己的资产售给出租方，然后以租赁的形式从出租方原封不动地租回资产的使用权
- 杠杆租赁：涉及承租人、出租人和资金出借人三方

租金计算：

- 构成
  - 设备原价及预计残值
    - 设备买价、运输费、安装调试费、保险费等
    - 设备租赁期满后出售可得的收入
  - 利息：租赁公司为承租企业购置设备垫付资金所应支付的利息
  - 租赁手续费和利润：手续费是租赁公司承办租赁设备所发生的业务费用，包括业务人员工资、办公费、差旅费等
- 支付方式
  - 实务中大多为后付等额年金
  - 按支付间隔期长短分为年付、半年付、季付和月付等
  - 按在期初和期末支付分为先付和后付
  - 按每次支付额分为等额支付和不等额支付
- 计算
  - 租金的计算大多采用等额年金法，通常要根据利率和租赁手续费率确定一个租费率作为折现率
  - ★残值归出租人
    - 租金期末支付：各期租金=（租赁设备价值–残值现值）/普通年金现值系数
    - 租金期初支付：各期租金=（租赁设备价值–残值现值）/预付年金现值系数
  - 残值归承租人
    - 租金期末支付：各期租金=租赁设备价值/普通年金现值系数
    - 租金期初支付：各期租金=租赁设备价值/预付年金现值系数

第二节 债务筹资

筹资特点：

- 无须大量资金就能迅速获得资产
- 财务风险小，财务优势明显
- 筹资的限制条件较少
- 能延长资金融通的期限：租赁的融资期限可接近资产的全部使用寿命期限
- 资本成本较高：租赁的租金通常比银行借款或发行债券所负担的利息高得多，租金总额通常要比设备价值高出30%

★优缺点 — 优点：

- 筹资速度较快：债务筹资不需要经过复杂的审批手续和证券发行程序，如银行借款、租赁等，可以迅速地获得资金
- 筹资弹性较大：可以根据企业的经营情况和财务状况，灵活地商定债务条件，控制筹资数量，安排取得资金的时间
- 资本成本较低：取得资金的手续费用等筹资费用较低；利息、租金等用资费用比股权资本要低；利息等资本成本可以在税前支付

第二节 债务筹资
- ★优缺点
  - 优点
    - 可以利用财务杠杆
      - 不改变公司的控制权，因而股东不会出于控制权稀释的原因而反对公司举债
      - 当企业资本收益率（息税前利润率）高于债务利率时，会增加普通股股东的每股收益，提高净资产收益率与企业价值
    - 稳定公司控制
      - 债权人无权参加企业的经营管理，利用债务筹资不会改变和分散股东对公司的控制权
      - 在信息沟通与披露等公司治理方面，债务筹资的代理成本也较低
  - 缺点
    - 不能形成企业稳定的资本基础
      - 债务资本有固定的到期日，到期需要偿还，只能作为企业的补充性资本来源；取得债务往往需要进行信用评级，没有信用基础的企业和新创企业，往往难以取得足额的债务资本
      - 现有债务资本在企业的资本结构中达到一定比例后往往由于财务风险而不容易再取得新的债务资金
    - 财务风险较大
      - 债务资本有固定的到期日、固定的债息负担，以抵押、质押等担保方式取得的债务，在资本使用上可能会有特别的限制
    - 筹资数额有限　债务筹资的数额往往受到贷款机构资本实力的制约
- 比对

项目	银行借款	发行公司债券	租赁
筹资速度	最快	最慢	较快
限制条件	最多	较少	最少
筹资弹性	最大	小	—
筹资数量	有限	大	有限
社会声誉	—	提高	—
资本成本	最低	居中	最高

第三节 股权筹资
- ★吸收直接投资
  - 定义
    - 企业按照"共同投资、共同经营、共担风险、共享收益"的原则，直接吸收国家、法人、个人和外商投入资金
    - 是非股份制企业筹集权益资本的基本方式，采用吸收直接投资的企业，资本不分为等额股份，无须公开发行股票
    - 吸收直接投资的实际出资额中，注册资本部分，形成实收资本；超过注册资本的部分，属于资本溢价，形成资本公积
  - 种类
    - 吸收国家投资　特点　（1）产权归属国家。（2）资金的运用和处置受国家约束较大。（3）在国有公司中采用比较广泛
    - 吸收法人投资　特点　（1）发生在法人单位之间。（2）以参与公司利润分配或控制为目的。（3）出资方式灵活多样
    - 吸收外商投资
      - 外商投资　外国的自然人、企业或者其他组织直接或间接在中国境内进行的投资
      - 外商投资企业　全部或者部分由外国投资者投资，依照中国法律在中国境内登记注册设立的企业
    - 吸收社会公众投资　特点　（1）参加投资的人员较多。（2）每人投资的数额相对较少。（3）以参与公司利润分配为目的
  - 出资方式
    - 以货币资产出资　以货币资产出资是吸收直接投资中最重要的出资方式
    - 以实物资产出资
      - 投资者以房屋、建筑物、设备等固定资产和材料、燃料、商品产品等流动资产所进行的投资
      - 条件：（1）适合企业生产、经营、研发等活动的需要。（2）技术性能良好。（3）作价公平合理
      - 实物出资中实物的作价，应当评估作价，核实财产，不得高估或者低估作价

第三节 股权筹资

★吸收直接投资

出资方式

以土地使用权出资
- 土地经营者对依法取得的土地在一定期限内有进行建筑、生产经营或其他活动的权利
- 土地使用权具有相对的独立性，在土地使用权存续期间，包括土地所有者在内的其他任何人和单位，不能任意收回土地和非法干预使用权人的经营活动
- 条件：（1）适合企业生产、经营、研发等活动的需要。（2）地理、交通条件适宜。（3）作价公平合理

以知识产权出资
- 知识产权通常是指专有技术、商标权、专利权、非专利技术等无形资产
- 条件：（1）有助于企业研究、开发和生产出新的高科技产品。（2）有助于企业提高生产效率，改进产品质量。（3）有助于企业降低生产消耗、能源消耗等各种消耗。（4）作价公平合理
- ★不能使用：劳务、信用、自然人姓名、商誉、特许经营权或设定担保的财产等

以特定债权出资
- 特定债权指企业依法发行的可转换债券以及按照国家有关规定可以转作股权的债权
- 适用情形：（1）上市公司依法发行的可转换债券。（2）金融资产管理公司持有的国有及国有控股企业债权。（3）企业实行公司制改建时，经银行以外的其他债权人协商同意，可以按照有关协议和企业章程的规定，将其债权转为股权。（4）根据《利用外资改组国有企业暂行规定》，国有企业的境内债权人将持有的债权转给外国投资者，企业通过债转股改组为外商投资企业。（5）按照《企业公司制改建有关国有资本管理与财务处理的暂行规定》，国有企业改制时，账面原有应付工资余额中欠发职工工资部分，在符合国家政策、职工自愿的条件下，依法扣除个人所得税后可转为个人投资；未退还职工的集资款也可转为个人投资

程序
（1）确定筹资数量。（2）寻找投资单位。（3）协商和签署投资协议。（4）取得所筹集的资金

筹资特点
- 能够尽快形成生产能力
- 便于进行信息沟通
- **资本成本较高**
  - 当企业经营较好、盈利较多时，投资者往往要求将大部分盈余作为红利分配
  - 相较于股票筹资，吸收直接投资的手续相对比较简便，筹资费用较低
- **公司控制权集中，不利于公司治理**：若某投资者的投资额比例较大，则该投资者对企业的经营管理就会有相当大的控制权，容易损害其他投资者的利益
- **不便于进行产权交易**：没有证券为媒介，不便于产权交易，难以进行产权转让

发行普通股股票

股票特点
- **永久性**：公司发行股票筹集的资金属于长期自有资金，没有期限，无须归还
- **流通性**：股票在资本市场上可以自由流通，也可以继承、赠送或作为抵押品，且具有很强的变现能力
- **风险性**：风险的表现形式有股票价格的波动性、红利的不确定性、破产清算时股东处于剩余财产分配的最后顺序等
- **参与性**：股东拥有参与企业管理的权利，包括重大决策权、经营者选择权、财务监控权、公司经营的建议和质询权等；股东还有承担有限责任、遵守公司章程等义务

股东权利
- **公司管理权**：主要体现在重大决策参与权、经营者选择权、财务监督权、公司经营的建议和质询权、股东大会召集权等
- **收益分享权**：股东有权通过股利方式获取公司的税后利润，利润分配方案由董事会提出并经过股东大会批准
- **股份转让权**：股东有权将其所持有的股票出售或转让
- **优先认股权**：原有股东拥有优先认购本公司增发股票的权利
- **剩余财产要求权**：当公司解散、清算时，股东有对清偿债务、清偿优先股股东以后的剩余财产索取的权利

第三节 股权筹资

发行普通股股票

股票种类

按股东权利和义务

普通股股票
- 公司发行的代表着股东享有平等的权利、义务，不加特别限制的，股利不固定的股票
- 最基本的股票，股份有限公司通常情况下只发行普通股

优先股股票
- 公司发行的相对于普通股具有一定优先权的股票。其优先权利主要表现在股利分配优先权和分取剩余财产优先权上
- 优先股股东在股东大会上无表决权，在参与公司经营管理上受到一定限制，仅对涉及优先股权利的问题有表决权

按票面是否记名

公司向发起人、法人发行的股票，应当为记名股票；向社会公众发行的股票，可以为记名股票，也可以为无记名股票

记名股票 在股票票面上记载有股东姓名或将名称记入公司股东

无记名股票 不登记股东名称，公司只记载股票数量、编号及发行日

按发行对象和上市地点

分为A股、B股、H股、N股和S股

证券交易所

基本情况

- 证券交易所是为证券集中交易提供场所和设施，组织和监督证券交易，实行自律管理的法人
- 从世界各国的情况看，证券交易所有公司制的营利性法人和会员制的非营利性法人
- 中国大陆有三家证券交易所，即上海证券交易所、深圳证券交易所和北京证券交易所

具体情况

证券交易所	成立时间	批准机构	法人组织形式	资本市场体系特点
上海证券交易所	1990.11.26	国务院授权，中国人民银行批准建立	自律管理的会员制非营利性法人	以主板为主，重点服务各行业、各地区的龙头企业和大型骨干企业；2019年设立科创板，支持高科技企业发展，上海证券交易所包括主板和科创板资本市场
深圳证券交易所	1990.12.01	国务院批准设立	自律管理的会员制非营利性法人	初步建立主板、中小企业板和创业板差异化发展的多层次资本市场体系；2021年2月5日，中国证监会宣布，批准深圳证券交易所主板和中小板合并
北京证券交易所	2021.09.03	国务院批准设立	公司制证券交易所	以现有的新三板精选层为基础，坚持服务创新型中小企业的市场定位

股份有限公司的设立

- 应当有2人以上200人以下为发起人，其中须有半数以上的发起人在中国境内有住所
- 可采取发起设立或者募集设立的方式。发起设立，是指由发起人认购公司应发行的全部股份而设立公司；募集设立，是指由发起人认购公司应发行股份的一部分，其余股份向社会公开募集或者向特定对象募集而设立公司。以募集设立方式设立股份有限公司的，发起人认购的股份不得少于公司股份总数的35%；法律、行政法规另有规定的，从其规定
- 股份有限公司的发起人应承担下列责任：（1）公司不能成立时，对设立行为所产生的债务和费用负连带责任。（2）公司不能成立时，对认股人已缴纳的股款，负返还股款并加算银行同期存款利息的连带责任。（3）在公司设立过程中，由于发起人的过失致使公司利益受到损害的，应当对公司承担赔偿责任

首次公开发行股票的条件

《证券法》基本条件

- （1）具备健全且运行良好的组织机构。（2）具有持续经营能力。（3）最近3年财务会计报告被出具无保留意见审计报告。（4）发行人及其控股股东、实际控制人最近3年不存在贪污、贿赂、侵占财产、挪用财产或者破坏社会主义市场经济秩序的刑事犯罪。（5）经国务院批准的国务院证券监督管理机构规定的其他条件
- 因我国证券市场分为不同板块，对各板块企业的目标和要求不同，其首次公开发行股票的条件也存在差异。各板块除遵循《证券法》规定的基本条件外，还要遵循相关法规规定的首次公开发行股票的相应条件

第三节 股权筹资

发行普通股股票

首次公开发行股票的条件

主板条件
发行人财务与会计方面应当符合：（1）最近3个会计年度净利润均为正数且累计超过人民币3000万元，净利润以扣除非经常性损益前后较低者为计算依据。（2）最近3个会计年度经营活动产生的现金流量净额累计超过人民币5000万元；或者最近3个会计年度营业收入累计超过人民币3亿元。（3）发行前股本总额不少于人民币3000万元。（4）最近一期期末无形资产（扣除土地使用权、水面养殖权和采矿权等后）占净资产的比例不高于20%。（5）最近一期期末不存在未弥补亏损

创业板市场条件
发行人财务与会计方面应当符合：（1）发行人会计基础工作规范，财务报表的编制和披露符合《企业会计准则》和相关信息披露规则的规定，在所有重大方面公允地反映了发行人财务状况、经营成果和现金流量，最近3年财务会计报告由注册会计师出具无保留意见的审计报告。（2）发行人内部控制制度健全且被有效执行，能够合理保证公司运行效率、合法合规和财务报告的可靠性，并由注册会计师出具无保留结论的内部控制鉴证报告

上市公司股票发行的条件

公开发行
（1）上市公司的组织机构健全、运行良好。（2）上市公司的盈利能力具有可持续性。（3）上市公司的财务状况良好。（4）上市公司最近36个月内财务会计文件无虚假记载，且不存在相关重大违法行为。（5）上市公司不存在不得公开发行证券的相关情形

★非公开发行
（1）发行价格不低于定价基准日前20个交易日公司股票均价的80%。（2）本次发行的股份自发行结束之日起，6个月内不得转让；控股股东、实际控制人及其控制的企业认购的股份，18个月内不得转让。（3）募集资金使用符合本办法的相关规定。（4）本次发行将导致上市公司控制权发生变化的，还应当符合中国证监会的其他规定

北交所公开发行股票的条件

条件
（1）发行人应当为在全国股转系统连续挂牌满12个月的创新层挂牌公司。（2）发行人申请公开发行股票，应当具备健全且运行良好的组织机构，具有持续经营能力，财务状况良好，最近3年财务会计报告无虚假记载、被出具无保留意见审计报告，依法规范经营。（3）发行人及其控股股东、实际控制人存在下列情形之一的，发行人不得公开发行股票：最近3年内存在贪污、贿赂、侵占财产、挪用财产或者破坏社会主义市场经济秩序的刑事犯罪；最近3年内存在欺诈发行、重大信息披露违法或者其他涉及国家安全、公共安全、生态安全、生产安全、公众健康安全等领域的重大违法行为；最近1年内受到中国证监会行政处罚

股票的发行方式

认购发行
方式
股票认购证
- 指按规定价格优先认购一定数量证券的权利证书
- 包括以下种类：认购证、认购申请表、抽签表等，形式有单联、横三联、小本三联、小本册、大版张等

全电脑上网定价发行（1995年后）

储蓄存单发行
- **含义** 通过发行储蓄存单抽签决定认股者。承销商在招募期间内，根据存单的发售数量、批准的股票发行数量等敲定中签率，通过公开摇号抽签确定中签者
- **优点** 有利于降低一级市场成本
- **缺点** 极易引发投机行为

上网竞价发行
- **含义** 发行人和主承销商利用证券交易所的交易系统，由主承销商作为新股的唯一卖方，以发行人宣布的发行底价为最低价，以新股实际发行量为总的卖出数，由投资者在指定的时间内竞价委托申购，发行人和主承销商以价格优先的原则确定发行价格并发行股票
- **优点** （1）市场性，即通过市场竞争最终决定较为合理的发行价格。（2）连续性，即保证了发行市场与交易市场价格的平稳顺利对接
- **实施情况** 在1994年试用之后一直未被落实

第三节 股权筹资	发行普通股股票	股票的发行方式	上网定价发行	含义：事先规定发行价格，再利用证券交易所交易系统来发行股票的发行方式，即主承销商利用交易系统，按已确定的发行价格向投资者发售股票，又称直接定价发行
				优点：大大减少了人力成本，发行周期短，有效避免了认股权的炒作，完全消除了隐藏于一级市场和二级市场间的一级半市场
				缺点：对承销商的定价能力要求较高
				与上网竞价发行的不同之处：一是发行价格的确定方式不同，即定价发行方式事先确定价格，而竞价发行方式是事先确定发行底价，由发行时竞价决定发行价；二是认购成功者的确认方式不同，即定价发行方式按抽签决定，竞价发行方式按价格优先、同等价位时间优先原则决定
				实施情况：自1996年试用至今一直被资本市场所接受
			全额预缴款发行	含义：投资者在不定期的申购时间内，将全部申购存入主承销商在收款银行设立的专户中，申购结束后转冻结银行专户进行冻结，在对到账资金进行验资和确定有效申购后，按照发行额和申购总额清算配售比例，进行股票配售，余款返给投资者
				内容：包括"全额预缴款、比例配售、余款即退"和"全额预缴款、比例配售、余款转存"两种方式
				优点：与单纯的储蓄存款发行相比，全额预缴的资金占用时间短，发行效率更高
			上网发行与配售	实施情况：1998年开始出现新股配售，2006年后我国证券市场上首次公开发行的股票可以向战略投资者、参与网上发行的投资以及网下询价对象配售
				条件：除符合一般规定外，还应当符合下列规定：（1）拟配售股份数量不超过本次配售股份前股本总额的30%。（2）控股股东应当在股东大会召开前公开承诺认配股份的数量。（3）采用证券法规定的代销方式发行。控股股东不履行认配股份的承诺，或者代销期限届满，原股东认购股票的数量未达到拟配售数量70%的，发行人应当按照发行价并加算银行同期存款利息返还已经认购的股东
			网下发行	含义：利用三大交易所的交易网络，新股发行主承销商可以在证券交易所挂牌销售，投资者则通过证券营业部交易系统进行申购
				优点：提高发行效率，有效缓解新股发行期间资金大规模跨行流动问题
		股票发行程序	首次公开发行 主板	（1）发行人董事会应当依法就本次股票发行的具体方案、本次募集资金使用的可行性及其他事项作出决议，并提请股东大会批准。（2）公司股东大会就本次发行股票作出决议，至少应当包括本次发行股票的种类和数量、发行对象、价格区间或者定价方式、募集资金用途、发行前滚存利润的分配方案、决议的有效期、对董事会办理本次发行具体事宜的授权、其他必须明确的事项。（3）发行人应当按照中国证监会的有关规定制作申请文件，由保荐人保荐并向中国证监会申报。特定行业的发行人应当提供管理部门的相关意见。（4）中国证监会收到申请文件后，在5个工作日内作出是否受理的决定。（5）中国证监会受理申请文件后，由相关职能部门对发行人的申请文件进行初审，并由发行审核委员会审核。（6）中国证监会在初审过程中，将征求发行人注册地省级人民政府是否同意发行人发行股票的意见。（7）中国证监会依照法定条件对发行人的发行申请作出予以核准或者不予核准的决定，并出具相关文件；自中国证监会核准发行之日起，发行人应在6个月内发行股票；超过6个月未发行的，核准文件失效，须重新经中国证监会核准后方可发行。（8）发行申请核准后、股票发行结束前，发行人发生重大事项的，应当暂缓或者暂停发行，并及时报告中国证监会，同时履行信息披露义务；影响发行条件的，应当重新履行核准程序。（9）股票发行申请未获核准的，自中国证监会作出不予核准决定之日起6个月后，发行人可再次提出股票发行申请

第三节 股权筹资

发行普通股股票

股票发行程序

首次公开发行

创业板与科创板

（1）发行人董事会应当依法就本次股票发行的具体方案、本次募集资金使用的可行性及其他事项作出决议，并提请股东大会批准。（2）发行人股东大会就本次发行股票作出决议，决议至少应当包括本次公开发行股票的种类和数量、发行对象；定价方式、募集资金用途、发行前滚存利润的分配方案、决议的有效期、对董事会办理本次发行具体事宜的授权、其他必须明确的事项。（3）发行人申请首次公开发行股票并在创业板上市，应当按照中国证监会有关规定制作注册申请文件，依法由保荐人保荐并向交易所申报；交易所收到注册申请文件后，5个工作日内作出是否受理的决定。（4）注册申请文件受理后，未经中国证监会或者交易所同意，不得改动；发生重大事项的，发行人、保荐人、证券服务机构应当及时向交易所报告，并按要求更新注册申请文件和信息披露资料。（5）交易所按照规定的条件和程序，形成发行人是否符合发行条件和信息披露要求的审核意见；认为发行人符合发行条件和信息披露要求的，将审核意见、发行人注册申请文件及相关审核资料报中国证监会注册；认为发行人不符合发行条件或者信息披露要求的，作出终止发行上市审核决定。（6）中国证监会的予以注册决定自作出之日起1年内有效，发行人应当在注册决定有效期内发行股票，发行时点由发行人自主选择。（7）交易所认为发行人不符合发行条件或信息披露要求的，作出终止发行上市审核决定，或者中国证监会作出不予注册决定的，自决定作出之日起6个月后，发行人可以再次提出公开发行股票并上市申请。（8）中国证监会应当按规定公开股票发行注册行政许可事项相关的监管信息。（9）中国证监会与交易所建立全流程电子化审核注册系统，实现电子化受理、审核，发行注册各环节实时信息共享，并依法向社会公开相关信息

上市公司发行

★分类

- 配股　上市公司向原有股东配售股票的再融资方式
- 增发
  - 公开增发　面向社会公众发售股票
  - 非公开增发（定向增发）　面向特定对象发行股票

> 优势：（1）有利于引入战略投资者和机构投资者。（2）有利于利用上市公司的市场化估值溢价，将母公司资产通过资本市场放大，从而提升母公司的资产价值。（3）定向增发是一种主要的并购手段，特别是资产并购型定向增发，有利于集团企业整体上市，并同时减轻并购的现金流压力

程序

（1）发行人董事会应当依法就本次股票发行的方案、本次募集资金使用的可行性、前次募集资金使用的报告及其他必须明确的事项作出决议，并提请股东大会批准。（2）发行人股东大会就本次发行股票作出决议，必须经出席会议的股东所持表决权的2/3以上通过；向本公司特定的股东及其关联人发行股票的，股东大会就发行方案进行表决时，关联股东应当回避；上市公司就发行股票事项召开股东大会，应当提供网络或者其他方式为股东参加股东大会提供便利。（3）由保荐人保荐并向中国证监会申报。（4）中国证监会依照有关程序审核发行股票的申请。（5）自中国证监会核准发行之日起，公司应在12个月内发行股票，超过12个月未发行的，核准失效，须经中国证监会重新核准后方可发行。（6）上市公司发行证券前发生重大事项的，应暂缓发行，并及时报告中国证监会；该事项对本次发行条件构成重大影响的，发行证券的申请应重新经过中国证监会核准。（7）证券发行申请未获核准的上市公司，自中国证监会作出不予核准的决定之日起6个月后，可再次提出股票发行申请

引入战略投资者的意义

战略投资者概念

- 中国证监会的规则解释　与发行人具有合作关系或有合作意向和潜力，与发行公司业务联系紧密且欲长期持有发行公司股票的法人
- 国外风险投资机构的定义　能够通过帮助公司融资，提供营销与销售支持的业务或通过个人关系增加投资价值的公司或个人投资者

基本要求

- 要与公司的经营业务联系紧密
- 要出于长期投资目的而较长时期地持有股票
- 要具有相当的资金实力，且持股数量较多

基本资质条件　拥有比较雄厚的资金、核心的技术、先进的管理等，有较好的实业基础和较强的融资能力

作用

- 提升公司形象，提高资本市场认同度
- 优化股权结构，健全公司法人治理
- 提高公司资源整合能力，增强公司的核心竞争力
- 达到阶段性的融资目标，加快实现公司上市融资的进程

第三节 股权筹资

发行普通股股票

股票上市交易与退市

- ★上市
  - 目的
    - 便于筹措新资金
    - 便于确定公司价值
    - 促进股权流通和转让
  - 不利影响
    - 上市成本较高，手续复杂严格
    - 公司将负担较高的信息披露成本
    - 信息公开的要求可能会暴露公司的商业机密
    - 股价有时会歪曲公司的实际情况，影响公司声誉
    - 可能会分散公司的控制权，造成管理上的困难
- 退市
  - 风险警示与退市原因：当上市公司出现经营情况恶化、存在重大违法违规行为或其他原因导致不符合上市条件时，就可能受到退市风险警示或退市
  - 种类
    - 主动退市
    - 强制退市：包括四类：交易类强制退市、财务类强制退市、规范类强制退市和重大违法类强制退市
  - 财务类强制退市条件：包括净利润加营业收入的组合指标、净资产和审计意见类型等

筹资特点

- 两权分离，有利于公司自主经营管理
  - 公司的所有权与经营权相分离，分散了公司控制权，有利于公司自主管理、自主经营
  - 但公司的控制权分散，公司也容易被经理人控制
- 资本成本较高：股票投资的风险较大，收益具有不确定性，投资者就会要求较高的风险补偿
- 能增强公司的社会声誉，促进股权流通和转让
  - 尤其是上市公司，其股票的流通性强，有利于市场确认公司的价值
  - 但流通性强的股票交易，也容易在资本市场上被恶意收购
- 不易及时形成生产能力

留存收益

性质
企业通过合法有效的经营所实现的税后净利润，都属于企业的所有者。因此，属于所有者的利润包括分配给所有者的利润和尚未分配留存于企业的利润

筹资途径

- 提取盈余公积金
  - 含义：有指定用途的留存净利润，提取基数是抵减年初累计亏损后的本年度净利润
  - 用途：主要用于企业未来的经营发展，经投资者审议后也可以用于转增股本（实收资本）和弥补公司经营亏损
- 未分配利润
  - 含义：未限定用途的留存净利润
  - 用途：用于企业未来经营发展、转增股本（实收资本）、弥补公司经营亏损和以后年度利润分配

筹资特点
（1）不用发生筹资费用；（2）维持公司的控制权分布；（3）筹资数额有限

★优缺点

优点

- 是企业稳定的资本基础：股权资本没有固定到期日，是企业的永久性资本，除非企业清算时才可能偿还
- 是企业良好的信誉基础
  - 股权资本作为企业最基本的资本，代表企业的资本实力，是企业与其他单位组织开展经营业务和进行业务活动的信誉基础
  - 股权资本也是其他方式筹资的基础，尤其可为债务筹资，包括银行借款、发行公司债券等提供信用保障
- 财务风险较小
  - 不用在企业正常营运期内偿还，没有还本付息的财务压力
  - 相对于债务资金而言，股权资本筹资限制少，资本使用上也无特别限制
  - 企业可以根据其经营状况和业绩的好坏，决定向投资者支付报酬的多少

缺点

- 资本成本较高：投资者投资于股权特别是投资于股票的风险较高，投资者或股东相应要求得到较高的收益率
- 控制权变更可能影响企业长期稳定发展：由于引进了新的投资者或出售了新的股票，必然会导致公司控制权结构的改变，而控制权变更过于频繁，又势必要影响公司管理层的人事变动和决策效率，影响公司的正常经营
- 信息沟通与披露成本较大：特别是上市公司，其股东众多而分散，只能通过公司的公开信息披露了解公司状况，这就需要公司花更多的精力，有些公司还需要设置专门的部门，进行公司的信息披露和投资者关系管理

第四节 衍生工具筹资

★可转换债券

- 分类
  - 兼具股权、债务性质
    - 可转换债券融资
    - 优先股股票筹资
  - 其他衍生工具融资
    - 认股权证融资

- 定义
  - 一种混合型证券，是公司普通债券与证券期权的组合体
  - 可转换债券的持有人在一定期限内，可以按照事先规定的价格或者转换比例，自由地选择是否转换为公司普通股

- 分类
  - 不可分离的可转换债券
    - 转股权与债券不可分离，债券持有者直接按照债券面额和约定的转股价格，在规定的期限内将债券转换为股票
  - 可分离交易的可转换债券
    - 发行时附有认股权证，是认股权证与公司债券的组合，发行上市后，公司债券和认股权证各自独立流通、交易。认股权证的持有者认购股票时，需要按照认购价格（行权价）出资

- 基本性质
  - 证券期权性
    - 可转换债券给予了债券持有者未来的选择权，在事先约定的期限内，投资者可以选择将债券转换为普通股票，也可以放弃转换权利，持有至债券到期还本付息。因此可转换债券实质上是一种未来的买入期权
  - 资本转换性
    - 可转换债券在正常持有期，属于债权性质；转换成股票后，属于股权性质
  - 赎回与回售
    - 可转换债券一般都有赎回条款，发债公司在可转换债券转换前，可以按一定条件赎回债券。通常，公司股票价格在一段时期内连续高于转股价格达到某一幅度时，公司会按事先约定的价格买回未转股的可转换公司债券
    - 可转换债券一般有回售条款，公司股票价格在一段时期连续低于转股价格达到某一幅度时，债券持有人可按事先约定的价格将所持债券回售给发行公司

- 基本要素
  - 标的股票
    - 可转换债券转换期权的标的物是可转换成的公司股票；一般是发行公司自己的普通股票
  - 票面利率
    - 可转换债券的票面利率一般会低于普通债券的票面利率，有时甚至还低于同期银行存款利率
  - 转换价格
    - 可转换债券在转换期内据以转换为普通股的折算价格，即将可转换债券转换为普通股的每股普通股的价格
    - 在债券发售时，所确定的转换价格一般比发售日股票市场价格高出一定比例，如高出10%～30%；因配股、增发、送股、派息、分立及其他原因引起上市公司股份变动的，应当同时调整转股价格
  - 转换比率
    - 每一张可转换债券在既定的转换价格下能转换为普通股股票
    - 在债券面值和转换价格确定的前提下：转换比率=债券面值/转换价
  - 转换期
    - 可转换债券持有人能够行使转换权的有效期限
  - 赎回条款
    - 发债公司按事先约定的价格买回未转股债券的条件规定，赎回一般发生在公司股票价格一段时期内连续高于转股价格达到某一幅度时
    - 赎回条款通常包括：不可赎回期间与赎回期间、赎回价格（一般高于可转换债券的面值）、赎回条件（分为无条件赎回和有条件赎回）等
  - 回售条款
    - 债券持有人有权按照事先约定的价格将债券卖回给发债公司的条件规定。回售一般发生在公司股票价格在一段时期内连续低于转股价格达到某一幅度时
    - 回售对于投资者而言实际上是一种卖权，有利于降低投资者的持券风险
    - 回售条款也有回售时间、回售价格和回售条件等规定
  - 强制性转换条款
    - 在某些条件具备之后，债券持有人必须将可转换债券转换为股票，无权要求偿还债券本金的条件规定
    - 保证可转换债券顺利地转换成股票，预防投资者到期集中挤兑引发公司破产

第四节 衍生工具筹资

★可转换债券

发行条件

除应符合增发股票的一般条件之外，还应当符合以下条件：（1）最近3个会计年度加权平均净资产收益率平均不低于6％。扣除非经常性损益后的净利润与扣除前的净利润相比，以低者作为加权平均净资产收益率的计算依据。（2）本次发行后累计公司债券余额不超过最近一期期末净资产额的40％。（3）最近3个会计年度实现的年均可分配利润不少于公司债券1年的利息

筹资特点

筹资功能灵活　将债务筹资功能和股票筹资功能结合起来，筹资性质和时间上灵活

资本成本低　利率低于同一条件下普通债券的利率，降低了公司的筹资成本；转换为普通股时，公司无须另外支付筹资费用，又节约了股票的筹资成本

筹资效率高　发行时规定的转换价格往往高于当时本公司的股票价格。如果这些债券将来都转换成了股权，这相当于在债券发行之际，就以高于当时股票市价的价格新发行了股票，以较少的股份代价筹集了更多的股份资金

存在财务压力　如果在转换期内公司股价处于恶化性的低位，持有者到期不会转股，会造成公司因集中兑付债券本金而带来的财务压力

发行后若公司股价长期低迷，在设计有回售条款的情况下，投资者集中在一段时间内将债券回售给发行公司，加大了公司的财务支付压力

认股权证

定义

一种由上市公司发行的证明文件，持有人有权在一定时间内以约定价格认购该公司发行的一定数量的股票

基本性质

期权性　是一种股票期权，属于衍生金融工具，具有实现融资和股票期权激励的双重功能

本身是一种认购普通股的期权，它没有普通股的红利收入，也没有普通股相应的投票权

是一种投资工具　投资者可以通过购买认股权证获得市场价与认购价之间的股票差价收益，因此它是一种具有内在价值的投资

筹资特点

是一种融资促进工具　能保证公司在规定的期限内完成股票发行计划，顺利实现融资

有助于改善上市公司的治理结构　在认股权证有效期间，上市公司管理层及其大股东任何有损公司价值的行为，都可能降低上市公司的股价，从而降低投资者执行认股权证的可能性，这将损害上市公司管理层及其大股东的利益。所以，认股权证能够约束上市公司的败德行为，并激励他们更加努力地提升上市公司的市场价值

有助于推进上市公司的股权激励机制　认股权证是常用的员工激励工具，通过给予管理者和重要员工一定的认股权证，可以把管理者和员工的利益与企业价值成长紧密联系在一起，建立一个管理者与员工通过提升企业价值实现自身财富增值的利益驱动机制

优先股

定义

股份有限公司发行的具有优先权利、相对优先于普通股的股份种类。在利润分配及剩余财产清偿分配的权利方面，优先股持有人优先于普通股股东；但在参与公司决策管理等方面，优先股的权利受到限制

基本性质

约定股息　相对于普通股而言，优先股的股利收益是事先约定的，也是相对固定的

权利优先　优先股在年度利润分配和剩余财产清偿分配方面，具有比普通股股东优先的权利

在剩余财产方面，优先股的清偿顺序先于普通股而次于债权人。一旦公司清算，剩余财产先分给债权人，再分给优先股股东，最后分给普通股股东

权利范围小　优先股股东一般没有选举权和被选举权，对股份公司的重大经营事项无表决权。仅在股东大会表决与优先股股东自身利益直接相关的特定事项时，具有有限表决权

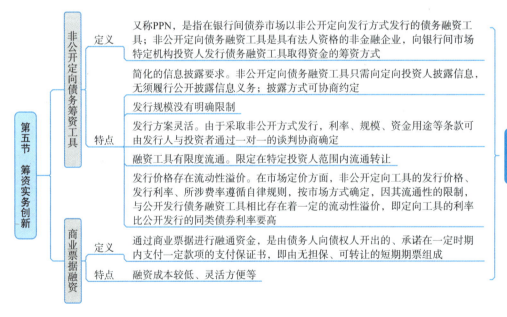

第四节 衍生工具筹资

优先股

种类
- 股息率是否在存续期内不作调整
  - 固定股息率优先股
    - 票面股息率计算方法在公司章程中要事先明确
  - 浮动股息率优先股
- 分配税后利润时是否必须向优先股股东分配
  - 强制分红优先股
  - 非强制分红优先股
- 未发放部分股息是否累积到下一会计年度
  - 累积优先股
  - 非累积优先股
- 按优先股股东是否有权同普通股股东一起参与税后利息分配
  - 参与优先股
    - 应明确优先股股东参与剩余利润分配的比例、条件等事项
  - 非参与优先股
- 按是否可转换为普通股
  - 可转换优先股
  - 不可转换优先股
- 按是否有要求公司回购优先股的权利
  - 可回购优先股
  - 不可回购优先股

特点
- 优点
  - 有利于丰富资本市场的投资结构
  - 有利于股份公司股权资本结构的调整
  - 与普通股筹资相比，有利于保障普通股收益和控制
  - 与负债筹资相比，有利于降低公司财务风险
- 缺点
  - 可能给股份公司带来一定的财务压力
    - 与负债筹资相比，优先股资本成本较高
    - 与普通股筹资相比，股利支付相对于普通股更具固定性，会增加公司的财务风险
- ★比对
  - 资本成本与投资风险同向变动，与财务风险反向变动
    - 投资风险　普通股>优先股>债券
    - 资本成本　普通股>优先股>债券
    - 财务风险　普通股<优先股<债券

第五节 筹资实务创新

★债券筹资

非公开定向债务筹资工具

定义
- 又称PPN，是指在银行间债券市场以非公开定向发行方式发行的债务融资工具；非公开定向债务融资工具是具有法人资格的非金融企业，向银行间市场特定机构投资人发行债务融资工具取得资金的筹资方式

特点
- 简化的信息披露要求。非公开定向债务融资工具只需向定向投资人披露信息，无须履行公开披露信息义务；披露方式可协商约定
- 发行规模没有明确限制
- 发行方案灵活。由于采取非公开方式发行，利率、规模、资金用途等条款可由发行人与投资者通过一对一的谈判协商确定
- 融资工具有限度流通。限定在特定投资人范围内流通转让
- 发行价格存在流动性溢价。在市场定价方面，非公开定向工具的发行价格、发行利率、所涉费率遵循自律规则，按市场方式确定，因其流通性的限制，与公开发行债务融资工具相比存在着一定的流动性溢价，即定向工具的利率比公开发行的同类债券利率要高

商业票据融资

定义
- 通过商业票据进行融通资金，是由债务人向债权人开出的、承诺在一定时期内支付一定款项的支付保证书，即由无担保、可转让的短期期票组成

特点
- 融资成本较低、灵活方便等

第五节 筹资实务创新

私募股权投资

定义：又称PE，是指通过私募基金对非上市公司进行的权益性投资。PE投资就是PE投资者寻找优秀的高成长性的未上市公司，注资其中，获得其一定比例的股份，推动公司发展、上市，此后通过转让股权获利

特点：（1）在资金募集上，主要通过非公开方式面向少数机构投资者或高净值个人募集，它的销售和赎回都是基金管理人通过私下与投资者协商进行的。（2）多采取权益型投资方式，绝少涉及债权投资。PE投资机构也因此对被投资企业的决策管理享有一定的表决权。（3）投资的企业一般是非上市企业，投资比较偏向于已形成一定规模和产生稳定现金流的成形企业。（4）投资期限较长，一般可达3~5年或更长，属于中长期投资。（5）流动性差，没有现成的市场供非上市公司的股权出让方与购买方直接达成交易。（6）是被投资企业的重要股权筹资方式

代表：百度、新浪、搜狐、携程、如家等

产业基金

定义：一般指产业投资基金，向具有高增长潜力的未上市企业进行股权或准股权投资，并参与被投资企业的经营管理，以期所投资企业发育成熟后通过股权转让实现资本增值。产业投资基金主要投资于新兴的、有巨大增长潜力的企业

主要形式：政府出资产业投资基金
- 领域：非基本公共服务领域、基础设施领域、住房保障领域、生态环境领域、区域发展领域、战略性新兴产业领域和先进制造业领域、创业创新领域等
- 目的：通过财政性资金撬动社会资本进入国民经济发展重点领域，及具有较大发展潜力、经过前期扶持培育后可成长为新的经济增长点的领域

股权众筹融资

定义：通过互联网形式进行公开小额股权融资的活动

发行条件：必须通过股权众筹融资中介机构平台（互联网网站或其他类似的电子媒介）进行

特点：股权众筹融资方为小微企业，应通过股权众筹融资中介机构向投资人如实披露企业的商业模式、经营管理、财务、资金使用等关键信息，不得误导或欺诈投资者。股权众筹融资业务由中国证监会负责监管

★ 股权筹资

中期票据融资

定义：具有法人资格的非金融类企业在银行间债券市场按计划分期发行的、约定在一定期限还本付息的债务融资工具

发行中期票据一般要求具有稳定的偿债资金来源；拥有连续三年的经审计的会计报表，且最近一个会计年度盈利；主体信用评级达到AAA；待偿还债券余额不超过企业净资产的40%；募集资金应用于企业生产经营活动，并在发行文件中明确披露资金用途；发行利率、发行价格和相关费用由市场化方式确定

特点：（1）发行机制灵活。中期票据发行采用注册制，一次注册通过后两年内可分次发行；可选择固定利率或浮动利率，到期还本付息；付息可选择按年或按季等。（2）用款方式灵活。中期票据可用于中长期流动资金、置换银行借款、项目建设等。（3）融资额度大。企业申请发行中期票据，按规定发行额度最多可达企业净资产的40%。（4）使用期限长。中期票据的发行期限在1年以上，一般3~5年，最长可达10年。（5）成本较低。根据企业信用评级和当时市场利率，中期票据利率较中长期贷款等融资方式往往低20%~30%。（6）无须担保抵押。发行中期票据，主要依靠企业自身信用，无须担保和抵押

★ 债权筹资

资产证券化

定义：证券公司、基金管理公司子公司作为管理人，通过设立资产支持专项计划开展资产证券化业务

是企业拓宽融资渠道、降低融资成本、盘活存量资产、提高资产使用效率的重要途径

种类：
- 企业应收账款证券化：以企业应收账款债权为基础资产或基础资产现金流来源
- 融资租赁债权资产证券：以融资租赁债权为基础资产或基础资产现金流来源

商圈融资
- 模式：商圈担保融资、供应链融资、商铺经营权、租赁权质押、仓单质押、存货质押、动产质押、企业集合债券等
- 特点：缓解中小商贸企业融资困难的重大举措
- 作用：有助于增强中小商贸经营主体的融资能力，缓解融资困难，促进中小商贸企业健康发展；有助于促进商圈发展，增强经营主体集聚力，提升产业关联度，整合产业价值链，推进商贸服务业结构调整和升级，带动税收、就业增长和区域经济发展，实现搞活流通、扩大消费的战略目标；同时，也有助于银行业金融机构和融资性担保机构等培养长期稳定的优质客户群体，扩大授信规模，降低融资风险

第五节 筹资实务创新

供应链融资
- 定义：将供应链核心企业及其上下游配套企业作为一个整体，根据供应链中相关企业的交易关系和行业特点制定基于货权和现金流控制的"一揽子"金融解决方案的一种融资模式
- 作用：解决了上下游企业融资难、担保难的问题，而且通过打通上下游融资瓶颈，还可以降低供应链融资成本，提高核心企业及配套企业的竞争力

绿色信贷
- 定义：也称可持续融资或环境融资，是银行业金融机构为支持环保产业、倡导绿色文明、发展绿色经济而提供的信贷融资
- 领域：六个产业：节能环保、清洁生产、清洁能源、生态环境、基础设施绿色升级和绿色服务

能效信贷
- 定义：银行业金融机构为支持用能单位提高能源利用效率，降低能源消耗提供的信贷融资
- 领域：工业，建筑，交通运输，与节能项目、服务、技术和设备有关的其他重要领域
- 模式
  - 用能单位能效项目信贷：银行业金融机构向用能单位投资的能效项目提供信贷
    - 用能单位是项目的投资人和借款人
  - 合同能源管理信贷：银行业金融机构向节能服务公司实施的合同能源管理项目提供信贷融资
    - 节能服务公司是项目的投资人和借款人

★债权筹资

第五章 筹资管理（下）

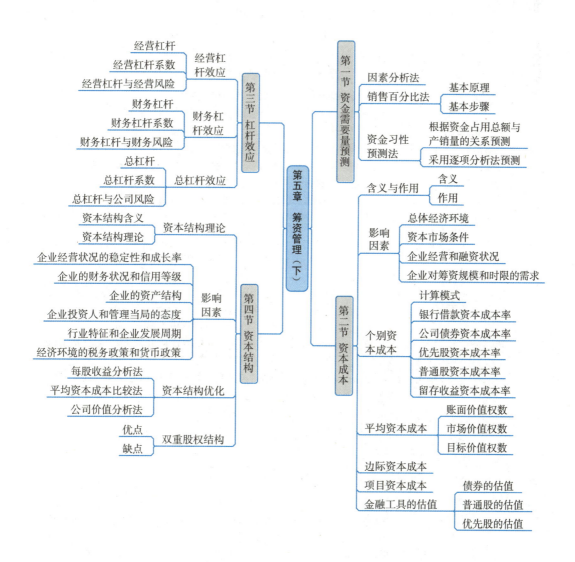

经营杠杆
经营杠杆系数 — 经营杠杆效应
经营杠杆与经营风险
财务杠杆
财务杠杆系数 — 财务杠杆效应
财务杠杆与财务风险
总杠杆
总杠杆系数 — 总杠杆效应
总杠杆与公司风险

第三节 杠杆效应

资本结构含义 — 资本结构理论
资本结构理论
企业经营状况的稳定性和成长率
企业的财务状况和信用等级
企业的资产结构
企业投资人和管理当局的态度 — 影响因素
行业特征和企业发展周期
经济环境的税务政策和货币政策
每股收益分析法
平均资本成本比较法 — 资本结构优化
公司价值分析法
优点
缺点 — 双重股权结构

第四节 资本结构

第五章 筹资管理（下）

第一节 资金需要量预测

因素分析法
销售百分比法 — 基本原理 / 基本步骤
资金习性预测法 — 根据资金占用总额与产销量的关系预测 / 采用逐项分析法预测

含义与作用 — 含义 / 作用
影响因素 — 总体经济环境 / 资本市场条件 / 企业经营和融资状况 / 企业对筹资规模和时限的需求
个别资本成本 — 计算模式 / 银行借款资本成本率 / 公司债券资本成本率 / 优先股资本成本率 / 普通股资本成本率 / 留存收益资本成本率
平均资本成本 — 账面价值权数 / 市场价值权数 / 目标价值权数
边际资本成本
项目资本成本
金融工具的估值 — 债券的估值 / 普通股的估值 / 优先股的估值

第二节 资本成本

第一节 资金需要量预测

因素分析法

定义 又称分析调整法，是以有关项目基期年度的平均资金需要量为基础，根据预测年度的生产经营任务和资金周转加速的要求，进行分析调整来预测资金需要量的一种方法

优点 计算简便，容易掌握

缺点 预测结果不太精确

适用范围 通常用于品种繁多、规格复杂、资金用量较小的项目

计算公式 资金需要量=（基期资金平均占用额-不合理资金占用额）×（1+预测期销售增长率）/（1+预测期资金周转速度增长率）

销售百分比法

基本原理 假设某些资产和负债与销售额存在稳定的百分比关系，根据销售额与资产的比例关系预计资产额，根据资产额预计相应的负债和所有者权益，进而确定筹资需求量

基本步骤
（1）确定随销售额变动而变动的资产和负债项目
（2）确定有关项目与销售额的稳定比例关系
（3）确定需要增加的筹资数量

优点 能为筹资管理提供短期预计的财务报表，以适应外部筹资的需要，且易于使用

资金习性预测法

定义 是指根据资金习性预测未来资金需要量的一种方法

资金习性
定义 是指资金的变动同产销量变动之间的依存关系

分类
不变资金：是指在一定的产销量范围内，不受产销量变动的影响而保持固定不变的那部分资金
变动资金：是指随产销量的变动而同比例变动的那部分资金
半变动资金：是指虽然受产销量变化的影响，但不呈同比例变动的资金，如一些辅助材料占用的资金

根据资金占用总额与产销量的关系预测
定义 这种方式是根据历史上企业资金占用总额与产销量之间的关系，把资金分为不变资金和变动资金两部分，然后结合预计的销售量来预测资金需要量
公式 Y=a+bX　X表示业务量，Y表示资金占用量，a表示不变资金，b表示单位产销量所需变动资金

采用逐项分析法预测 这种方式是根据各资金占用项目（如现金、存货、应收账款、固定资产）和资金来源项目同产销量之间的关系，把各项目的资金都分成变动资金和不变资金两部分，然后汇总在一起，求出企业变动资金总额和不变资金总额，进而预测资金需求量

第二节 资本成本

含义与作用

含义 是指企业为筹集和使用资本而付出的代价，包括筹资费用和用资费用
筹资费用：是指企业在资本筹措过程中为获取资本而付出的代价，如向银行支付的借款手续费，因发行股票、公司债券而支付的发行费等
用资费用：是指企业在资本使用过程中因占用资本而付出的代价，如向银行等债权人支付的利息、向股东支付的股利等

作用
资本成本是比较筹资方式、选择筹资方案的依据
平均资本成本是衡量资本结构是否合理的重要依据
资本成本是评价投资项目可行性的主要标准
资本成本是评价企业整体业绩的重要依据

影响因素

总体经济环境 如果国民经济保持健康、稳定、持续增长，整个社会经济的资金供给和需求相对均衡且通货膨胀水平低，资本成本相应就比较低；反之，则资本成本高

资本市场条件 如果资本市场缺乏效率，证券的市场流动性低，投资者投资风险大，资本成本就比较高

企业经营和融资状况 如果企业经营风险高，财务风险大，则企业总体风险水平高，投资者要求的预期收益率高，企业筹资的资本成本相应就高

企业对筹资规模和时限的需求 企业一次性需要筹集的资金规模大、占用资金时限长，资本成本就高

一般模式　资本成本率=年资金用资费用/（筹资总额–筹资费用）=年资金用资费用/[筹资总额×（1–筹资费用率）]

计算模式

贴现模式　由：筹资净额现值–未来资本清偿额现金流量现值=0　得：资本成本率=所采用的贴现率

银行借款资本成本率

K_b表示银行借款资本成本率，i表示银行借款年利率，f表示筹资费用率，T表示所得税税率

K_b=年利率×（1–所得税税率）/（1–手续费率）=i（1–T）/（1–f）

公司债券资本成本率

L表示公司债券筹资总额，I表示公司债券年利息

K_b=年利息×（1–所得税税率）/债券筹资总额×（1–手续费率）=I（1–T）/L（1–f）

个别资本成本

优先股资本成本率

K_s表示优先股资本成本率，D表示优先股年固定股息，P_n表示优先股发行价格，f表示筹资费用率

K_s=D/P_n（1–f）

普通股资本成本率

D_0表示股票本期支付的股利，g表示股利增长率，P_0表示目前股票市场价格

股利增长模型法　K_s=D_0（1+g）/P_0（1–f）+g=D_1/P_0（1–f）+g

R_f表示无风险收益率，R_m表示市场平均收益率，β表示某股票贝塔系数

资本资产定价模型法　K_s=R_f+β（R_m–R_f）

留存收益资本成本率　其计算与普通股资本成本率相同，也分为股利增长模型法和资本资产定价模型法，不同点在于其不考虑筹资费用

第二节 资本成本

平均资本成本

定义　是以各项个别资本在企业总资本中的比重为权数，对各项个别资本成本率进行加权平均而得到的总资本成本率

计算公式

K_w表示平均资本成本，K_j表示第j种个别资本成本率，W_j表示第j种个别资本在全部资本中的比重

K_w=$\sum_{j=1}^{n} K_j W_j$

价值形式

账面价值权数

定义：是以各项个别资本的会计报表账面价值为基础来计算资本权数，确定各类资本占总资本的比重

优点：资料容易取得，可以直接从资产负债表中得到，而且计算结果比较稳定

缺点：当债券和股票的市价与账面价值差距较大时，会导致按账面价值计算出来的资本成本不能反映目前从资本市场上筹集资本的现时机会成本，不适合评价现时的资本结构

市场价值权数

确定依据：以各项个别资本的现行市价为基础

优点：能够反映现时的资本成本水平，有利于进行资本结构决策

缺点：现行市价处于经常变动之中，不容易取得，而且现行市价反映的只是现时的资本结构，不适用于未来的筹资决策

目标价值权数

确定依据：以各项个别资本预计的未来价值为基础

优点：能体现期望的资本结构，适用于未来的筹资决策

缺点：很难客观、合理地确定目标价值

边际资本成本

含义：是企业追加筹资的成本

计算方法：加权平均法

权数确定：目标价值权数

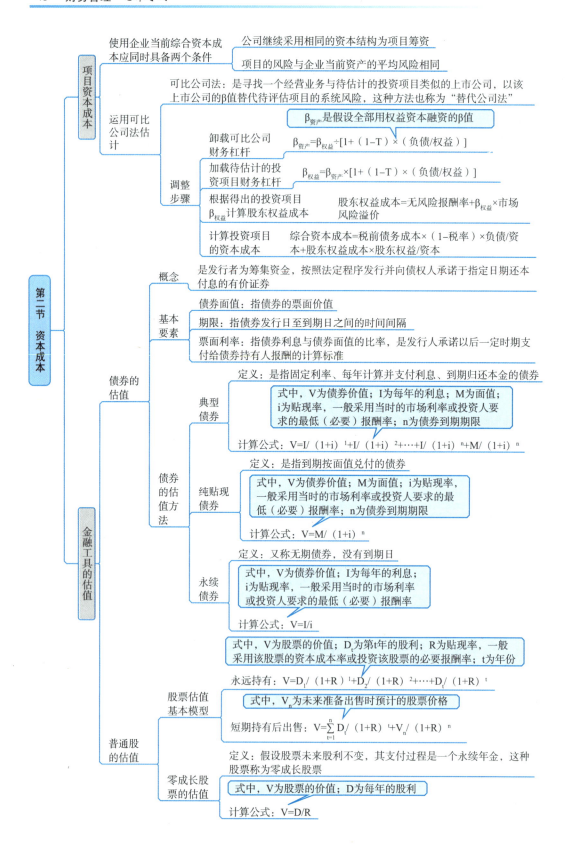

第二节　资本成本

项目资本成本

使用企业当前综合资本成本应同时具备两个条件
- 公司继续采用相同的资本结构为项目筹资
- 项目的风险与企业当前资产的平均风险相同

运用可比公司法估计
- 可比公司法：是寻找一个经营业务与待估计的投资项目类似的上市公司，以该上市公司的β值替代待评估项目的系统风险，这种方法也称为"替代公司法"
- 调整步骤
  - 卸载可比公司财务杠杆　β资产是假设全部用权益资本融资的β值　$β_{资产}=β_{权益}÷[1+（1-T）×（负债/权益）]$
  - 加载待估计的投资项目财务杠杆　$β_{权益}=β_{资产}×[1+（1-T）×（负债/权益）]$
  - 根据得出的投资项目β权益计算股东权益成本　股东权益成本=无风险报酬率+β权益×市场风险溢价
  - 计算投资项目的资本成本　综合资本成本=税前债务成本×（1-税率）×负债/资本+股东权益成本×股东权益/资本

金融工具的估值

债券的估值

- 概念：是发行者为筹集资金，按照法定程序发行并向债权人承诺于指定日期还本付息的有价证券
- 基本要素
  - 债券面值：指债券的票面价值
  - 期限：指债券发行日到到期日之间的时间间隔
  - 票面利率：指债券利息与债券面值的比率，是发行人承诺以后一定时期支付给债券持有人报酬的计算标准
- 债券的估值方法
  - 典型债券
    - 定义：是指固定利率、每年计算并支付利息、到期归还本金的债券
    - 式中，V为债券价值；I为每年的利息；M为面值；i为贴现率，一般采用当时的市场利率或投资人要求的最低（必要）报酬率；n为债券到期期限
    - 计算公式：$V=I/（1+i）^1+I/（1+i）^2+…+I/（1+i）^n+M/（1+i）^n$
  - 纯贴现债券
    - 定义：是指到期按面值兑付的债券
    - 式中，V为债券价值；M为面值；i为贴现率，一般采用当时的市场利率或投资人要求的最低（必要）报酬率；n为债券到期期限
    - 计算公式：$V=M/（1+i）^n$
  - 永续债券
    - 定义：又称无期债券，没有到期日
    - 式中，V为债券价值；I为每年的利息；i为贴现率，一般采用当时的市场利率或投资人要求的最低（必要）报酬率
    - 计算公式：$V=I/i$

普通股的估值

- 股票估值基本模型
  - 式中，V为股票的价值；D_t为第t年的股利；R为贴现率，一般采用该股票的资本成本率或投资该股票的必要报酬率；t为年份
  - 永远持有：$V=D_1/（1+R）^1+D_2/（1+R）^2+…+D_t/（1+R）^t$
  - 式中，V_n为未来准备出售时预计的股票价格
  - 短期持有后出售：$V=\sum_{t=1}^{n}D_t/（1+R）^t+V_n/（1+R）^n$
- 零成长股票的估值
  - 定义：假设股票未来股利不变，其支付过程是一个永续年金，这种股票称为零成长股票
  - 式中，V为股票的价值；D为每年的股利
  - 计算公式：$V=D/R$

第二节 资本成本

金融工具的估值

普通股的估值

固定成长股票的估值

定义：企业的股利通常不是固定不变的，而应当是不断成长的，其增长率固定时的价值估价即为固定成长股票的估值

V为股票的价值；本期支付的股利为D_0，股利每年的增长率为g

计算公式：$V=D_0 \times (1+g) / (R-g) = D_1 / (R-g)$

式中，V为优先股的价值，D_p为每年的股息，R一般采用该股票的资本成本率或投资该股票的必要报酬率

优先股的估值

计算公式：$V=D_p / R$

第三节 杠杆效应

经营杠杆效应

经营杠杆

定义：是指由于固定性经营成本的存在，使得企业的资产收益（息税前利润）变动率大于业务量变动率的现象

$EBIT$表示息税前利润，S表示销售额，V表示变动性经营成本，F表示固定性经营成本，Q表示产销业务量，P表示销售单价，V_c表示单位变动成本，M表示边际贡献

计算公式：$EBIT=S-V-F=(P-V_c)Q-F=M-F$

测算经营杠杆效应程度

经营杠杆系数（DOL）

定义：是息税前利润变动率与产销业务量变动率的比值

DOL表示经营杠杆系数，$\Delta EBIT$表示息税前利润变动额，ΔQ表示产销业务量变动值

计算公式：$DOL=(\Delta EBIT/EBIT_0)/(\Delta Q/Q_0)$=息税前利润变动率/产销业务量变动率

可简化：$DOL=M_0/(M_0-F_0)=(EBIT_0+F_0)/EBIT_0$=基期边际贡献/基期息税前利润

经营杠杆与经营风险

经营杠杆放大了市场和生产等因素变化对利润波动的影响。经营杠杆系数越高，表明息税前利润受产销量变动的影响程度越大，经营风险也就越大

财务杠杆效应

财务杠杆

定义：是指由于固定性资本成本的存在，而使得企业的普通股收益（或每股收益）变动率大于息税前利润变动率的现象

TE表示普通股收益，EPS表示每股收益，I表示债务资金利息，D表示优先股股利，T表示所得税税率，N表示普通股股数

计算公式：$TE=(EBIT-I)(1-T)-D$
$EPS=[(EBIT-I)(1-T)-D]/N$

测算财务杠杆效应程度

财务杠杆系数（DFL）

定义：是普通股收益变动率与息税前利润变动率的比值

定义公式：
DFL=普通股收益变动率/息税前利润变动率=EPS变动率/$EBIT$变动率

计算公式：
（1）不存在优先股股息的情况下，可简化为：
DFL=基期息税前利润/基期利润总额=$EBIT_0/(EBIT_0-I_0)$
（2）存在固定股息的优先股情况下，可调整为：
$DFL=EBIT_0/[EBIT_0-I_0-D_p/(1-T)]$

财务杠杆与财务风险

财务杠杆放大了资产收益变化对普通股收益的影响，财务杠杆系数越高，表明普通股收益的波动程度越大，财务风险也就越大

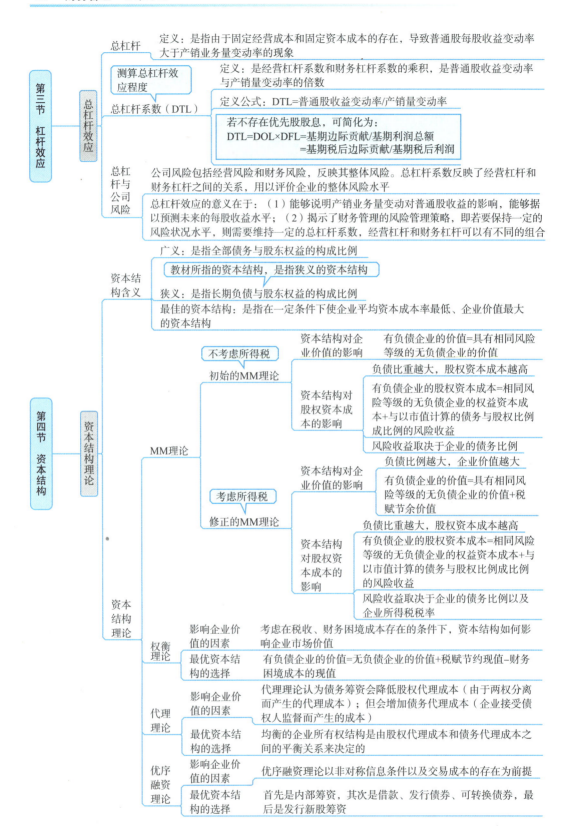

第三节 杠杆效应

总杠杆效应

总杠杆
定义：是指由于固定经营成本和固定资本成本的存在，导致普通股每股收益变动率大于产销业务量变动率的现象

测算总杠杆效应程度
定义：是经营杠杆系数和财务杠杆系数的乘积，是普通股收益变动率与产销量变动率的倍数

总杠杆系数（DTL）
定义公式：DTL=普通股收益变动率/产销量变动率

若不存在优先股股息，可简化为：
DTL=DOL×DFL=基期边际贡献/基期利润总额
=基期税后边际贡献/基期税后利润

总杠杆与公司风险
公司风险包括经营风险和财务风险，反映其整体风险。总杠杆系数反映了经营杠杆和财务杠杆之间的关系，用以评价企业的整体风险水平

总杠杆效应的意义在于：（1）能够说明产销业务量变动对普通股收益的影响，能够据以预测未来的每股收益水平；（2）揭示了财务管理的风险管理策略，即若要保持一定的风险状况水平，则需要维持一定的总杠杆系数，经营杠杆和财务杠杆可以有不同的组合

第四节 资本结构

资本结构理论

资本结构含义
广义：是指全部债务与股东权益的构成比例

教材所指的资本结构，是指狭义的资本结构

狭义：是指长期负债与股东权益的构成比例

最佳的资本结构：是指在一定条件下使企业平均资本成本率最低、企业价值最大的资本结构

资本结构理论

MM理论

不考虑所得税
初始的MM理论

资本结构对企业价值的影响
有负债企业的价值=具有相同风险等级的无负债企业的价值

资本结构对股权资本成本的影响
负债比重越大，股权资本成本越高

有负债企业的股权资本成本=相同风险等级的无负债企业的权益资本成本+与以市值计算的债务与股权比例成比例的风险收益

风险收益取决于企业的债务比例

考虑所得税
修正的MM理论

资本结构对企业价值的影响
负债比例越大，企业价值越大

有负债企业的价值=具有相同风险等级的无负债企业的价值+税赋节余价值

资本结构对股权资本成本的影响
负债比重越大，股权资本成本越高

有负债企业的股权资本成本=相同风险等级的无负债企业的权益资本成本+与以市值计算的债务与股权比例成比例的风险收益

风险收益取决于企业的债务比例以及企业所得税税率

权衡理论

影响企业价值的因素
考虑在税收、财务困境成本存在的条件下，资本结构如何影响企业市场价值

最优资本结构的选择
有负债企业的价值=无负债企业的价值+税赋节约现值-财务困境成本的现值

代理理论

影响企业价值的因素
代理理论认为债务筹资会降低股权代理成本（由于两权分离而产生的代理成本）；但会增加债务代理成本（企业接受债权人监督而产生的成本）

最优资本结构的选择
均衡的企业所有权结构是由股权代理成本和债务代理成本之间的平衡关系来决定的

优序融资理论

影响企业价值的因素
优序融资理论以非对称信息条件以及交易成本的存在为前提

最优资本结构的选择
首先是内部筹资，其次是借款、发行债券、可转换债券，最后是发行新股筹资

第四节 资本结构

影响因素

- **企业经营状况的稳定性和成长率**
  - 企业产销业务量的稳定程度：如果产销业务稳定，企业可以采用高负债的资本结构
  - 未来产销业务量的增长率：如果产销业务量能够以较高的水平增长，企业可以采用高负债的资本结构
- **企业的财务状况和信用等级**：企业财务状况良好，信用等级高，债权人愿意向企业提供信用，企业容易获得债务资金
- **企业的资产结构**：拥有大量固定资产的企业主要通过发行股票融通资金；拥有较多流动资产的企业更多地依赖流动负债融通资金。资产适用于抵押贷款的企业负债较多，以技术研发为主的企业则负债较少
- **企业投资人和管理当局的态度**：稳健的管理当局偏好于选择低负债比例的资本结构
- **行业特征和企业发展周期**
  - 产品市场稳定的成熟产业，可提高债务资金比重。高新技术企业，可降低债务资金比重
  - 企业初创阶段，降低负债比例；企业发展成熟阶段，增加债务资金比重；企业收缩阶段，降低债务资金比重
- **经济环境的税务政策和货币政策**
  - 当所得税税率较高时，债务资金的抵税作用大，企业应充分利用这种作用以提高企业价值
  - 执行紧缩的货币政策时，市场利率较高，企业债务资金成本增大，企业应降低负债筹资的使用

资本结构优化

- **每股收益分析法**
  - 基本观点：使普通股每股收益最高的资本结构就是合理的资本结构
  - 关键指标：每股收益分析是利用每股收益无差别点进行的。所谓每股收益无差别点，是指不同筹资方式下每股收益都相等时的息税前利润或业务量水平
  - 决策原则：当预期息税前利润或业务量水平大于每股收益无差别点时，应当选择债务筹资方案；反之选择股权筹资方案
  - 式中，EBIT表示息税前利润平衡点，即每股收益无差别点；I_1、I_2分别表示两种筹资方式下的债务利息；DP_1、DP_2分别表示两种筹资方式下的优先股股利；N_1、N_2分别表示两种筹资方式下的普通股股数；T表示所得税税率
  - 公式 $[(EBIT-I_1) \times (1-T) - DP_1]/N_1 = [(EBIT-I_2) \times (1-T) - DP_2]/N_2$
- **平均资本成本比较法**
  - 基本观点：能够降低平均资本成本的资本结构，就是合理的资本结构
  - 关键指标：平均资本成本
  - 决策原则：选择平均资本成本最低的方案
- **公司价值分析法**
  - 基本观点：能够提升公司价值的资本结构，就是合理的资本结构
  - 决策原则：最佳资本结构即公司市场价值最大的资本结构。在公司价值最大的资本结构下，公司的平均资本成本率也是最低的
  - 确定方法
    - V表示公司价值，B表示债务资本价值，S表示权益资本价值
    - $V=S+B$
    - $S=(EBIT-I) \times (1-T)/K_S$
    - 且：$K_S = R_f + \beta (R_m - R_f)$
    - K_b表示税前债务资本成本，K_s表示股权资本成本
    - $K_w = K_b \times B/V \times (1-T) + K_S \times S/V$

双重股权结构

- **优点**：同股不同权制度能避免企业内部股权纷争，保障企业创始人或管理层对企业的控制权，防止公司被恶意收购；提高企业运行效率，有利于企业的长期发展
- **缺点**：容易导致管理中独裁行为的发生；控股股东为自己谋利而损害非控股股东的利益，不利于非控股股东利益的保障；可能加剧企业治理中实际经营者的道德风险和逆向选择

第六章 投资管理

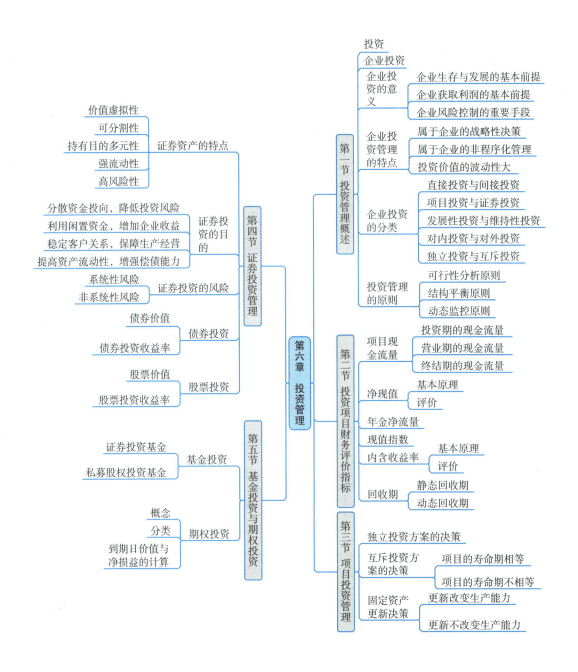

第一节 投资管理概述	投资	特定经济主体（包括政府、企业和个人）以本金回收并获利为基本目的，将货币、实物资产等作为资本投放于某一个具体对象，以在未来期间内获取预期经济利益的经济行为
	企业投资	企业为获取未来收益而向一定对象投放资金的经济行为
		例如，购建厂房设备，兴建电站，购买股票、债券、基金等经济行为
	企业投资的意义	企业生存与发展的基本前提
		企业获取利润的基本前提
		企业风险控制的重要手段
	企业投资管理的特点	属于企业的战略性决策：企业的投资活动先于经营活动，投资活动往往需要一次性地投入大量的资金，并在一段较长的时间内发挥作用，对企业经营活动的方向产生重大影响
		属于企业的非程序化管理：企业不会经常性地重复出现的经济活动称为非例行性活动。企业投资活动往往属于非程序化管理，体现在涉及资金数额较大、投资项目影响的时间较长、涉及企业的未来经营发展方向和规模等重大问题几个方面
		投资价值的波动性大：由于投资标的物资产的形态不断转换，使得投资活动未来收益的获得具有较强的不确定性，且外部因素如市场利率、物价等的变化，使其价值具有较强的波动性
	企业投资的分类	按投资活动与企业本身生产经营活动的关系： 直接投资：将资金直接投放于形成生产经营能力的实体性资产，直接谋取经营利润的企业投资 间接投资：将资金投放于股票、债券等资产上的企业投资。间接投资方不直接介入具体生产经营过程，通过股票、债券上所约定的收益分配权利，获取股利或利息收入，分享直接投资的经营利润
		★项目投资属于直接投资，证券投资属于间接投资 按投资对象的存在形态和性质： 项目投资：企业可以通过投资，购买具有实质内涵的经营资产，包括有形资产和无形资产，形成具体的生产经营能力，开展实质性的生产经营活动，谋取经营利润 证券投资：企业可以通过投资，购买证券资产，通过证券资产上所赋予的权利，间接控制被投资企业的生产经营活动，获取投资收益
		按投资活动对企业未来生产经营前景的影响： 发展性投资：也称为战略性投资，是对企业未来的生产经营发展全局有重大影响的企业投资；发展性投资项目实施后，往往可以改变企业的经营方向和经营领域，或者明显地扩大企业的生产经营能力，或者实现企业的战略重组 如企业间兼并合并的投资、转换新行业和开发新产品投资、大幅度扩大生产规模的投资等 维持性投资：也称为战术性投资，是为了维持企业现有的生产经营正常顺利进行，不会改变企业未来生产经营发展全局的企业投资；维持性投资项目所需要的资金不多，对企业生产经营的前景影响不大，投资风险相对也较小 如更新替换旧设备的投资、配套流动资金投资等

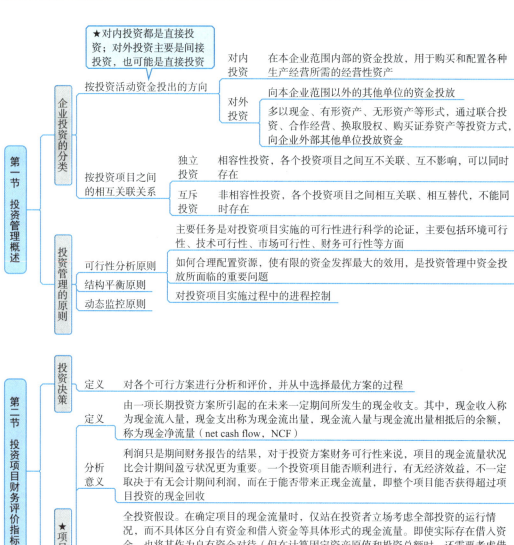

第一节 投资管理概述

企业投资的分类

按投资活动资金投出的方向

★对内投资都是直接投资；对外投资主要是间接投资，也可能是直接投资

对内投资：在本企业范围内部的资金投放，用于购买和配置各种生产经营所需的经营性资产

对外投资：向本企业范围以外的其他单位的资金投放

多以现金、有形资产、无形资产等形式，通过联合投资、合作经营、换取股权、购买证券资产等投资方式，向企业外部其他单位投放资金

按投资项目之间的相互关联关系

独立投资：相容性投资，各个投资项目之间互不关联、互不影响，可以同时存在

互斥投资：非相容性投资，各个投资项目之间相互关联、相互替代，不能同时存在

投资管理的原则

主要任务是对投资项目实施的可行性进行科学的论证，主要包括环境可行性、技术可行性、市场可行性、财务可行性等方面

可行性分析原则

结构平衡原则：如何合理配置资源，使有限的资金发挥最大的效用，是投资管理中资金投放所面临的重要问题

动态监控原则：对投资项目实施过程中的进程控制

第二节 投资项目财务评价指标

投资决策

定义：对各个可行方案进行分析和评价，并从中选择最优方案的过程

定义：由一项长期投资方案所引起的在未来一定期间所发生的现金收支。其中，现金收入称为现金流入量，现金支出称为现金流出量，现金流入量与现金流出量相抵后的余额，称为现金净流量（net cash flow，NCF）

分析意义：利润只是期间财务报告的结果，对于投资方案财务可行性来说，项目的现金流量状况比会计期间盈亏状况更为重要。一个投资项目能否顺利进行，有无经济效益，不一定取决于有无会计期间利润，而在于能否带来正现金流量，即整个项目能否获得超过项目投资的现金回收

★项目现金流量

假设：全投资假设。在确定项目的现金流量时，仅站在投资者立场考虑全部投资的运行情况，而不具体区分自有资金和借入资金等具体形式的现金流量。即使实际存在借入资金，也将其作为自有资金对待（但在计算固定资产原值和投资总额时，还需要考虑借款利息因素）

假设：现金流量时点假设。为便于利用货币时间价值的形式，不论现金流量具体内容所涉及的价值指标实际上是时点指标还是时期指标，均假设按照年初或年末的时点指标处理。其中，建设投资在建设期内有关年度的年初或年末发生，流动资金投资则在年初发生；经营期内各年的收入、成本、折旧、摊销、利润、税金等项目的确认均在年末发生；项目最终报废或清理均发生在终结点（但更新改造项目除外）

经济寿命周期：大致可以分为三个阶段：投资期、营业期、终结期，现金流量的各个项目也可归属于各个阶段之中，图示如下：

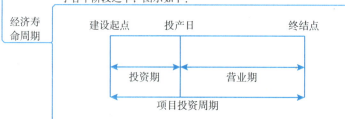

★投资期现金净流量=−投资额

主要是现金流出量，即在该投资项目上的原始投资，包括在长期资产上的投资和垫支的营运资金

长期资产投资包括在固定资产、无形资产、递延资产等长期资产上的购入、建造、运输、安装、试运行等方面所需的现金支出，如购置成本、运输费、安装费等。对于投资实施后导致固定资产性能改进而发生的改良支出，属于固定资产的后期投资

营运资金垫支是指投资项目形成了生产能力，需要在流动资产上追加的投资。为简化计算，垫支的营运资金在营业期的流入流出过程可忽略不计，只考虑投资期投入与终结期收回对现金流量的影响。计算公式：垫付的营运资金=追加的流动资产扩大量−结算性流动负债扩大量=增加的经营性流动资产−增加的经营性流动负债

现金流入量主要是营运各年的营业收入，现金流出量主要是营运各年的付现营运成本

营业现金净流量（NCF）=营业收入−付现成本−所得税=税后营业利润+非付现成本=收入×（1−所得税税率）−付现成本×（1−所得税税率）

主要是现金流入量，包括固定资产变价净收入、固定资产变现净损益和垫支营运资金的收回

固定资产变价净收入是指固定资产出售或报废时的出售价款或残值收入扣除清理费用后的净额

固定资产变现净损益对现金净流量的影响=（账面价值−变价净收入）×所得税税率

垫支营运资金的收回。伴随着固定资产的出售或报废，投资项目的经济寿命结束，企业将与该项目相关的存货出售，应收账款收回，应付账款也随之偿付。营运资金恢复原有水平，项目开始垫支的营运资金在项目结束时得到回收

第二节 投资项目财务评价指标

★项目现金流量

构成

投资期的现金流量

营业期的现金流量

终结期的现金流量

★净现值

定义 一个投资项目未来现金净流量现值与原始投资额现值的差额称为净现值（net present value，NPV）

计算公式 净现值（NPV）=未来现金净流量现值−原始投资额现值

决策原则

净现值为正，方案可行，说明方案的实际收益率高于所要求的收益

净现值为负，方案不可取，说明方案的实际投资收益率低于所要求的收益

净现值为零，方案的投资收益刚好达到所要求的投资收益，方案也可行

★净现值的经济含义是投资方案收益超过基本收益后的剩余收益。其他条件相同时，净现值越大，方案越好

应用步骤

（1）测定投资方案各年的现金流量，包括现金流出量和现金流入量，并计算出各年的现金净流量

折现率参考标准：①市场利率；②投资者预期最低投资收益率；③企业平均资本成本率

（2）设定投资方案采用的折现率

（3）按设定的折现率，将各年的现金净流量折算成现值

（4）将未来的现金净流量现值与投资额现值进行比较，若前者大于或等于后者，方案可行；若前者小于后者，方案不可行，说明方案的实际收益率达不到投资者所要求的收益率

第二节 投资项目财务评价指标

★净现值

评价

优点
- 适用性强，能基本满足项目年限相同的互斥投资方案决策
- 能灵活地考虑投资风险。净现值法在所设定的折现率中包含投资风险收益率要求，从而能有效地考虑投资风险

缺点
- 所采用的折现率不易确定。如果两方案采用不同的折现率贴现时，采用净现值法不能够得出正确结论；同一方案中，如果要考虑投资风险，要求的风险收益率不易确定
- 不适用于独立投资方案的比较决策。如果各方案的原始投资额现值不相等，有时无法作出正确决策
- 不能直接用于对寿命期不同的互斥投资方案进行决策

★年金净流量

定义 项目期间内现金净流量的总现值或总终值折算为年金形式的现金净流量称为年金净流量（ANCF）

计算公式 年金净流量=现金净流量总现值/年金现值系数=现金净流量总终值/年金终值系数

决策原则 年金净流量指标大于或等于零，则方案的收益率大于所要求的收益率，方案可行。在两个以上寿命期不同的投资方案比较时，年金净流量越大，方案越好

评价
- 优点 适用于期限不同的投资方案决策
- 缺点 不便于对原始投资额不相等的独立投资方案进行决策

★现值指数

定义 现值指数（present value index，PVI）是投资项目的未来现金净流量现值与原始投资额现值之比

计算公式 现值指数=未来现金净流量现值/原始投资额现值=1+净现值/原始投资额现值

决策原则
- 若现值指数大于或等于1，方案可行，说明方案实施后的投资收益率高于或等于必要收益率
- 若现值指数小于1，方案不可行，说明方案实施后的投资收益率低于必要收益率
- 现值指数越大，方案越好

评价
- 优点 可以克服净现值指标不便于对原始投资额现值不同的独立投资方案进行比较和评价的缺点，从而对方案的分析评价更加合理、客观
- 缺点 仅代表获得收益的能力，不能等价于项目本身的实际收益率

★现值指数是净现值法的辅助方法，当原始投资额现值相同时，二者决策结果一致

★内含收益率

定义 内含收益率（internal rate of return，IRR）是指对投资方案未来的每年现金净流量进行折现，使所得的现值恰好与原始投资额现值相等，即使净现值等于零时的折现率

基本原理 在计算方案的净现值时，以必要投资收益率作为折现率计算，净现值的结果往往是大于零或小于零，这就说明方案实际可能达到的投资收益率大于或小于必要投资收益率；而当净现值为零时，说明两种收益率相等。根据这个原理，内含收益率法就是要计算出使净现值等于零时的折现率，这个折现率就是投资方案实际可能达到的投资收益率

计算方法

未来每年现金净流量相等：年金法
- 每年现金净流量相等是一种年金形式，通过查年金现值系数表，可计算出未来现金净流量现值，并令其净现值为零：未来每年现金净流量×年金现值系数−原始投资额现值=0
- 计算出净现值为零时的年金现值系数后，通过查年金现值系数表，利用插值法即可计算出相应的折现率i，该折现率就是方案的内含收益率

未来每年现金净流量相等：逐次测试法
- 根据已知的有关资料，先估计一次折现率，来试算未来现金净流量的现值，并将这个现值与原始投资额现值相比较，如净现值大于零，为正数，表示估计的折现率低于方案实际可能达到的投资收益率，需要重估一个较高的折现率进行试算；如果净现值小于零，为负数，表示估计的折现率高于方案实际可能达到的投资收益率，需要重估一个较低的折现率进行试算
- 如此反复试算，直到净现值等于零或基本接近于零，这时所估计的折现率就是希望求得的内含收益率

第二节 投资项目财务评价指标

★内含收益率

评价

优点
- 内含收益率反映了投资项目可能达到的收益率，易于被高层决策人员所理解
- 对于独立投资方案的比较决策，如果各方案原始投资额现值不同，可以通过计算各方案的内含收益率，反映各独立投资方案的获利水平

缺点
- 计算复杂，不易直接考虑投资风险大小
- 在互斥投资方案决策时，如果各方案的原始投资额现值不相等，有时无法作出正确的决策

★回收期

定义
- 回收期（payback period，PP）是指投资项目的未来现金净流量与原始投资额相等时所经历的时间，即原始投资额通过未来现金流量回收所需要的时间
- 用回收期指标评价方案时，回收期越短越好

静态回收期

定义：没有考虑货币时间价值，直接用未来现金净流量累计到原始投资数额时所经历的时间作为静态回收期

计算：
- 未来每年现金净流量相等：静态回收期=原始投资额/每年现金净流量
- 未来每年现金净流量不相等（设M是收回原始投资额的前一年）：静态回收期=M+第M年的尚未收回额/第（M+1）年的现金净流量

动态回收期

定义：需要将投资引起的未来现金净流量进行折现，以未来现金净流量的现值等于原始投资额现值时所经历的时间为动态回收期

计算：
- 未来每年现金净流量相等：在这种年金形式下，假定动态回收期为n年，则：（P/A，i，n）=原始投资额现值/每年现金净流量。计算出年金现值系数后，通过查年金现值系数表，利用插值法，即可推算出动态回收期n
- 未来每年现金净流量不相等（设M是收回原始投资额的前一年）：动态回收期=M+第M年的尚未收回额的现值/第（M+1）年的现金净流量现值

评价

优点
- 计算简便，易于理解
- 这种方法是以回收期的长短来衡量方案的优劣，收回投资所需的时间越短，所冒的风险就越小。可见，回收期法是一种较为保守的方法

缺点
- 静态回收期的不足之处是没有考虑货币的时间价值
- 静态回收期和动态回收期的共同局限：计算回收期时只考虑未来现金净流量（或现值）总和中等于原始投资额（或现值）的部分，没有考虑超过原始投资额（或现值）的部分

对比

项目	净现值	年金净流量	现值指数	内含收益率
指标反映的投资收益特性	衡量效益	衡量效益	衡量效率	衡量效率
是否受设定折现率影响	是（反向）	是（反向）	是（反向）	否
是否反映项目投资方案本身收益率	否	否	否	是
是否能对原始投资额不相等的独立投资方案进行决策	否	否	是	是
是否直接考虑投资风险大小	是	是	是	是
互斥投资方案的决策	寿命期相同的互斥方案	互斥方案	如果各个方案的原始投资额现值不等，有时无法决策	

表中NPV代表净现值，ANCF代表年金净流量，PVI代表现值指数，IRR代表内含收益率，PP代表回收期

指标	净现值、年金净流量、现值指数、内含收益率	动态回收期	静态回收期
现金流量	考虑寿命期全部现金流量	只考虑回收期满以前的现金流量	
时间价值	考虑	考虑	不考虑
指标间的关系	NPV>0，ANCF>0，PVI>1，IRR>基准折现率	动态PP<寿命期	静态PP<寿命期
	NPV=0，ANCF=0，PVI=1，IRR=基准折现率	动态PP=寿命期	静态PP<寿命期
	NPV<0，ANCF<0，PVI<1，IRR<基准折现率	动态PP>寿命期	静态PP不一定

项目投资　将资金直接投放于生产经营实体性资产，以形成生产能力，如购置设备、建造工厂、修建设施等。项目投资一般是企业的对内投资，也包括以实物性资产投资于其他企业的对外投资

独立投资方案的决策

独立投资方案　两个或两个以上项目互不依赖，可以同时存在，各方案的决策也是独立的

独立投资方案的决策属于筛分决策，评价各方案本身是否可行，即方案本身是否达到某种要求的可行性标准

决策实质　独立投资方案之间比较时，决策要解决的问题是如何确定各种可行方案的投资顺序，即各独立方案之间的优先次序

决策方法　内含收益率法

第三节　项目投资管理

★互斥投资方案的决策

互斥投资方案　方案之间互相排斥，不能并存

决策实质　在于选择最优方案，属于选择决策

项目的寿命期相等时

　决策方法　净现值法、年金净流量法

　决策原则　选择净现值或年金净流量最大的方案为优

项目的寿命期不相等时　决策方法

共同年限法

　计算：假设投资项目终止时重置，通过重置使两个项目达到相等年限，然后应用项目寿命期相等时的决策方法比较，即比较两者的净现值大小

　通常选择最小公倍数为共同年限

　决策原则：选择重置净现值最大的方案

年金净流量法

　计算：（1）求方案净现值；（2）求方案净现值的年金净流量，年金净流量=净现值/（P/A，i，n）；（3）求永续净现值，永续净现值=年金净流量/资本成本

　决策原则：当两项目资本成本相同时，优先选取年金净流量较大者；当两项目资本成本不同时，还需进一步计算永续净现值，即用年金净流量除以各自对应的资本成本

★固定资产更新决策

决策实质　属于互斥投资方案的决策类型

更新改变生产能力　新旧设备销售收入不同

　寿命期相同　优选净现值最大的方案

　寿命期不同　优选年金净流量最大的方案

更新不改变生产能力　新旧设备销售收入相同，属于非相关现金流量

　寿命期相同　"负的净现值"在金额上等于"现金流量总现值"，决策时选择现金流出总现值较低者

　寿命期不同　"负的年金净流量"在金额上等于"年金成本"，决策时选择年金成本较低者

计算公式

继续使用旧设备的初始现金流

　=丧失的变现流量

　=-（变现价值+变现净损失×所得税税率）

　=-（变现价值-变现净收益×所得税税率）

项目终结回收残值的现金流

　=最终残值-残值净收益×所得税税率

　=最终残值+残值净损失×所得税税率

定义

企业进行金融投资所形成的资产

项目投资的对象是实体性经营资产，经营资产是直接为企业生产经营服务的资产，如固定资产、无形资产等，它们往往是一种服务能力递减的消耗性资产

证券投资的对象是金融资产，金融资产是一种以凭证、票据或者合同合约形式存在的权利性资产，如股票、债券、基金及其衍生证券等

证券资产的特点

价值虚拟性

证券资产不能脱离实体资产而完全独立存在，但证券资产的价值不完全由实体资本的现实生产经营活动决定，而是取决于契约性权利所能带来的未来现金流量，是一种未来现金流量折现的资本化价值

可分割性

实体项目投资的经营资产一般具有整体性要求，不可分割；证券资产可以分割为一个最小的投资单位

持有目的多元性

为未来积累现金即为未来变现而持有；为谋取资本利得即为销售而持有；为取得对其他企业的控制权而持有

强流动性

表现在：（1）变现能力强；（2）持有目的可以相互转换

高风险性

会受到公司风险和市场风险的双重影响，不仅发行证券资产的公司业绩影响着它的投资收益率，资本市场的市场平均收益率变化也会给证券资产带来直接的市场

一般来说，股票投资相比债券投资具有更高的风险，而证券投资基金作为对股票或债券的组合投资方式，其风险水平视构成资产的具体情况而定

第四节 证券投资管理

证券投资的目的

分散资金投向，降低投资风险

利用闲置资金，增加企业收益

稳定客户关系，保障生产经营

提高资产流动性，增强偿债能力

★ 证券投资的风险

系统性风险

定义

由于外部经济环境因素变化引起整个资本市场不确定性加强，从而对所有证券都产生影响的共同性风险

系统性风险影响到资本市场上的所有证券，无法通过投资多元化的组合而加以避免，也称为不可分散风险

市场利率的变动会造成证券资产价格的普遍波动，两者呈反向变化：市场利率上升，证券资产价格下跌；市场利率下降，证券资产价格上升

价格风险

由于市场利率上升，而使证券资产价格具有普遍下跌的可能性

价格风险来自资本市场买卖双方资本供求关系的不平衡，资本需求量增加，市场利率上升；资本供应量增加，市场利率下降

当证券资产持有期间的市场利率上升，证券资产价格就会下跌，证券资产期限越长，投资者遭受的损失越大。到期风险附加率，就是对投资者承担利率变动风险的一种补偿，期限越长的证券资产，要求的到期风险附加率就越大

再投资风险

由于市场利率下降造成的无法通过再投资实现预期收益的可能

为了避免市场利率上升的价格风险，投资者可能会投资于短期证券资产，但短期证券资产又会面临市场利率下降的再投资风险，即无法按预定收益率进行再投资而实现所要求的预期收益

购买力风险

由于通货膨胀而使货币购买力下降的可能

持续而剧烈的物价波动环境下，货币性资产会产生购买力损益：当物价持续上涨时，货币性资产会遭受购买力损失；当物价持续下跌时，货币性资产会带来购买力收益

第四节　证券投资管理

★证券投资的风险

政府债券几乎没有风险是针对非系统风险而言的

非系统性风险

- 定义
  - 由特定经营环境或特定事件变化引起的不确定性，从而对个别证券资产产生影响的特有风险
  - 非系统性风险源于每个公司自身特有的营业活动和财务活动，与某个具体的证券资产相关联，同整个证券资产市场无关。非系统性风险可以通过持有证券资产的多元化来抵消，也称为可分散风险
- 违约风险　证券资产发行者无法按时兑付证券资产利息和偿还本金的可能性
- 变现风险　证券资产持有者无法在市场上以正常的价格平仓出货的可能性
- 破产风险　在证券资产发行者破产清算时投资者无法收回应得权益的可能性

★债券投资

债券价值

- 含义
  - 将未来在债券投资上收取的利息和收回的本金折为现值，即可得到债券的内在价值，也称为债券的理论价格
- 债券估值基本模型
  - 债券价值=未来各期利息收入的现值合计+未来到期本金或售价的现值
  - 决策原则
    - 债券价值>购买价格，则可以购买
    - 债券价值<购买价格，则放弃购买
  - 影响因素
    - 面值　面值越大，债券价值越大
    - 票面利率　票面利率越大，债券价值越大
    - 市场利率越大，债券价值越小
    - 折现率
      - 如果债券票面利率与市场利率之间没有差异，债券期限的变化不会引起债券价值的变动。也就是说，只有溢价债券或折价债券，才产生不同期限下债券价值有所不同的现象
      - 折现率高于债券票面利率，债券价值低于其面值，折价发行；折价发行是对投资者未来少获利息而给予的必要补偿
      - 折现率等于债券票面利率，债券价值等于其面值，平价发行；平价发行不存在补偿问题
      - 折现率低于债券票面利率，债券价值高于其面值，溢价发行；溢价发行是为了对债券发行者未来多付利息而给予的必要补偿
- 债券价值对债券期限的敏感性
  - 债券期限越短，债券票面利率对债券价值的影响越小。不论是溢价债券还是折价债券，当债券期限较短时，票面利率与市场利率的差异，不会使债券的价值过于偏离债券的面值
  - 在票面利率偏离市场利率的情况下，债券期限越长，债券价值越偏于债券面值。但这种偏离的变化幅度最终会趋于平稳
- 债券价值对市场利率的敏感性
  - 市场利率的上升会导致债券价值的下降，市场利率的下降会导致债券价值的上升
  - 长期债券对市场利率的敏感性会大于短期债券，在市场利率较低时，长期债券的价值远高于短期债券，在市场利率较高时，长期债券的价值远低于短期债券
  - 市场利率低于票面利率时，债券价值对市场利率的变化较为敏感，市场利率稍有变动，债券价值就会发生剧烈的波动；市场利率超过票面利率后，债券价值对市场利率变化的敏感性减弱，市场利率的提高，不会使债券价值过分降低

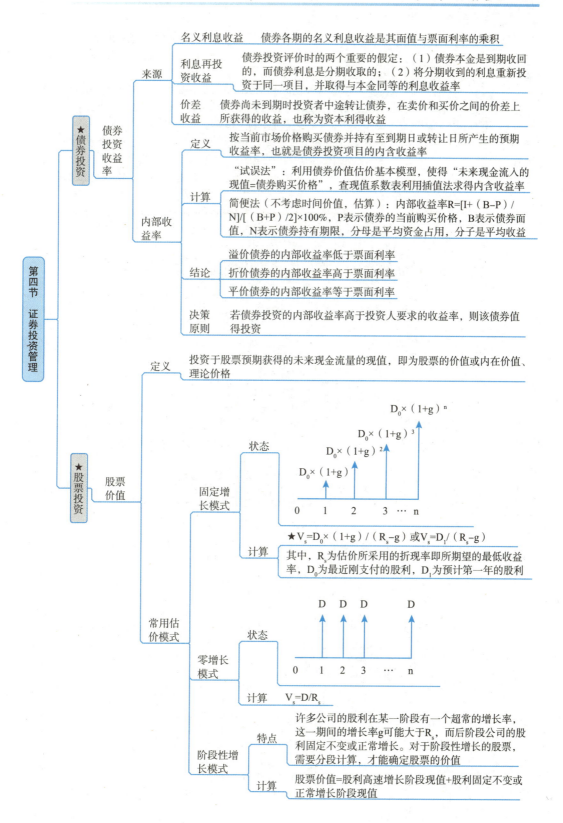

名义利息收益 债券各期的名义利息收益是其面值与票面利率的乘积

利息再投资收益 债券投资评价时的两个重要的假定：（1）债券本金是到期收回的，而债券利息是分期收取的；（2）将分期收到的利息重新投资于同一项目，并取得与本金同等的利息收益率

价差收益 债券尚未到期时投资者中途转让债券，在卖价和买价之间的价差上所获得的收益，也称为资本利得收益

定义 按当前市场价格购买债券并持有至到期日或转让日所产生的预期收益率，也就是债券投资项目的内含收益率

计算 "试误法"：利用债券价值估价基本模型，使得"未来现金流入的现值=债券购买价格"，查现值系数表利用插值法求得内含收益率

简便法（不考虑时间价值，估算）：内部收益率 $R=[I+(B-P)/N]/[(B+P)/2]\times100\%$，P表示债券的当前购买价格，B表示债券面值，N表示债券持有期限，分母是平均资金占用，分子是平均收益

结论 溢价债券的内部收益率低于票面利率

折价债券的内部收益率高于票面利率

平价债券的内部收益率等于票面利率

决策原则 若债券投资的内部收益率高于投资人要求的收益率，则该债券值得投资

定义 投资于股票预期获得的未来现金流量的现值，即为股票的价值或内在价值、理论价格

状态
$D_0\times(1+g)^n$
$D_0\times(1+g)^3$
$D_0\times(1+g)^2$
$D_0\times(1+g)$
0 1 2 3 … n

计算 ★$V_s=D_0\times(1+g)/(R_s-g)$ 或 $V_s=D_1/(R_s-g)$
其中，R_s为估价所采用的折现率即所期望的最低收益率，D_0为最近刚支付的股利，D_1为预计第一年的股利

状态
D D D   D
0 1 2 3 … n

计算 $V_s=D/R_s$

特点 许多公司的股利在某一阶段有一个超常的增长率，这一期间的增长率g可能大于R_s，而后阶段公司的股利固定不变或正常增长。对于阶段性增长的股票，需要分段计算，才能确定股票的价值

计算 股票价值=股利高速增长阶段现值+股利固定不变或正常增长阶段现值

第四节 证券投资管理
★债券投资
债券投资收益率
来源
内部收益率
★股票投资
股票价值
常用估价模式
固定增长模式
零增长模式
阶段性增长模式

第四节 证券投资管理

★ 股票投资

股票投资收益率

股票收益的来源 —— 股利收益、股利再投资收益、转让价差收益三部分

内部收益率

定义 —— 使得股票未来现金流量折现值等于目前的购买价格时的折现率，也就是股票投资项目的内含收益率

决策原则 —— 股票的内部收益率高于投资者所要求的最低收益率时，投资者才愿意购买该股票

计算

若长期持有，不准备出售

零增长股票内部收益率 $R=D/P_0$

固定增长股票内部收益率 $R=D_1/P_0+g$＝预期股利收益率+股利增长率（资本利得收益率）

阶段性增长股票内部收益率 —— 利用逐步测试法，结合插值法来求净现值为零时的折现率

若有限期间持有，未来准备出售 —— 股票投资的收益由股利收益和资本利得（转让价差收益）构成，这时股票内部收益率是使股票投资净现值为零时的折现率

第五节 基金投资与期权投资

基金投资

证券投资基金

投资基金

定义 —— 一种集合投资方式，投资者通过购买基金份额，将众多资金集中起来，由专业的投资者即基金管理人进行管理，通过投资组合的方式进行投资，实现利益共享、风险共担

种类

证券投资基金 —— 主要投资于证券交易所或银行间市场上公开交易的有价证券，如股票、债券等

另类投资基金

私募股权基金（private equity，PE），偏好于成长期的未上市企业

风险投资基金（venture capital，VC），偏好于初创期的高新技术企业

对冲基金（hedge fund，HF），对象除传统的证券外，还包括期货、期权以及各种金融衍生产品和工具

实物资产基金，其中的实物资产包括房地产、大宗商品、基础设施等

证券投资基金

定义

以股票、债券等金融证券为投资对象，基金投资者通过购买基金份额的方式间接进行证券投资，由基金管理人进行专业化投资决策，由基金托管人对资金进行托管，基金托管人往往为商业银行或其他金融机构

涉及投资人、基金管理人和基金托管人三方

特点

集合理财实现专业化管理 —— 将集中起来的资金交由基金管理人进行管理，对于中小投资者来说可以获得更加专业化的投资服务

通过组合投资实现分散风险的目的 —— 基于基金投资集合理财的特点可同时购买多种证券，投资者可以通过购买基金份额从而用较少的资金购买"一揽子"证券，实现分散风险的目的

投资者利益共享且风险共担 —— 基金投资者可以获取的收益等于基金投资收益减去基金应当承担的相关费用，各投资者依据所持有的份额比例进行分配，当收益上升或下降时，各基金投资者获取的收益也按照其持有比例上升或下降相应的金额

权利隔离的运作机制 —— 参与基金运作的包括基金投资者、托管人、管理人，基金管理人只负责基金的投资工作，而基金财产则交与基金托管人，基金操作权力与资金管理权力相互隔离，形成了互相监督、互相制约的机制，从而有效地保障基金投资者的利益

严格的监管制度 —— 我国的基金业监管采取法定监管机构与自律性组织相结合的监管模式。中国证监会是我国政府的基金监管机构；基金业协会为行业自律组织；证券交易所是证券市场的自律管理者，负责对在交易所进行的基金投资行为进行监管以及基金的信息披露工作

第五节 基金投资与期权投资 — 基金投资 — 证券投资基金

分类

依据法律形式

契约型基金：依据基金管理人、基金托管人之间签署的基金合同设立，合同规定了参与基金运作各方的权利与义务。基金投资者通过购买基金份额成为基金合同当事人，享受合同规定的权利，也需承担相应的义务

公司型基金：成为独立法人，依据基金公司章程设立，基金投资者是基金公司的股东，按持有股份比例承担有限责任，分享投资收益

依据运作方式

封闭式基金：基金份额持有人不得在基金约定的运作期内赎回基金，即基金份额在合同期限内固定不变
- 适合资金可进行长期投资的投资

开放式基金：可以在合同约定的时间和场所对基金进行申购或赎回，即基金份额不固定
- 更适合强调流动资金管理的投资

依据投资对象

股票基金：基金资产80%以上投资于股票的基金

债券基金：基金资产80%以上投资于债券的基金

货币市场基金：仅投资于货币市场工具的基金

混合基金：投资于股票、债券和货币市场工具，但股票投资和债券投资的比例不符合股票基金、债券基金规定的基金

依据投资目标

增长型基金：主要投资于具有较好增长潜力的股票，投资目标为获得资本增值，较少考虑当期收入

收入型基金：更加关注能否取得稳定的经常性收入，投资对象集中于风险较低的蓝筹股、公司及政府债券等

平衡型基金：既关注是否能够获得资本增值，也关注收入问题

★三者在风险与收益的关系上往往表现为：增长型基金风险>平衡型基金风险>收入型基金风险；增长型基金收益>平衡型基金收益>收入型基金收益

依据投资理念

主动型基金：由基金经理主动操盘寻找超越基准组合表现的投资组合进行投资

被动型基金：期望通过复制指数的表现，选取特定的指数成分股作为投资对象，不期望能够超越基准组合，只求能够与所复制的指数表现同步

依据募集方式

私募证券投资基金：采取非公开方式发售，面向特定投资者，他们往往风险承受能力较高，单个投资者涉及的资金量

公募证券投资基金：可以面向社会公众公开发售，募集对象不确定，投资金额较低，适合中小投资者，由于公募基金涉及的投资者数量较多，因此受到更加严格的监管并要求更高的信息透明度

业绩评价

考虑因素
投资目标与范围、风险水平、基金规模、时间区间

绝对收益

含义：基金绝对收益指标不关注与业绩基准之间的差异，测量的是证券或投资组合的增值或贬值，在一定时期内获得的回报情况，一般用百分比形式的收益率衡量

指标 — 持有期间收益率

收益来源：
- 所投资证券的资产回报和收入回报
- 资产回报是指股票、债券等资产价格的增加，收入回报为股票或债券的分红、利息等

计算：持有期间收益率=（期末资产价格－期初资产价格+持有期间红利收入）/期初资产价格×100%

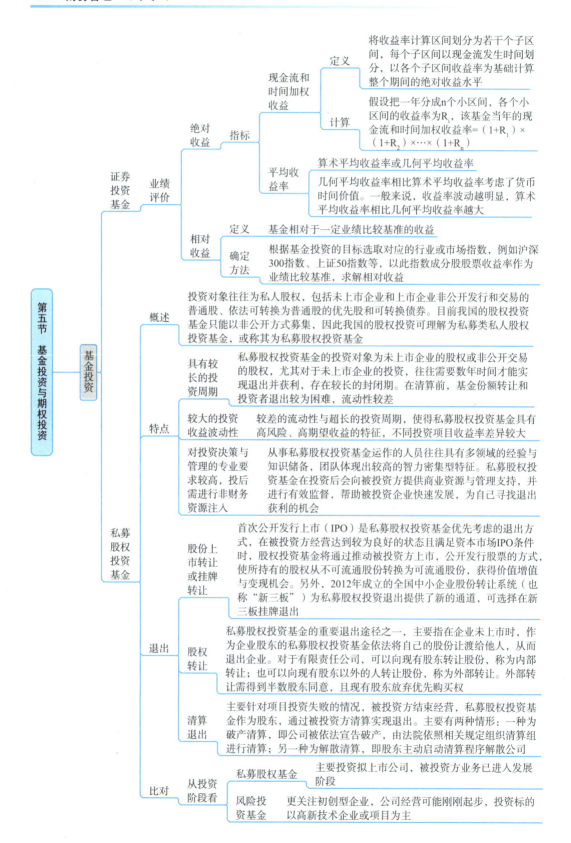

第五节 基金投资与期权投资

基金投资

证券投资基金 — **业绩评价**

绝对收益 — **指标**

现金流和时间加权收益
- **定义**：将收益率计算区间划分为若干个子区间，每个子区间以现金流发生时间划分，以各个子区间收益率为基础计算整个期间的绝对收益水平
- **计算**：假设把一年分成n个小区间，各个小区间的收益率为R_1，该基金当年的现金流和时间加权收益率=$(1+R_1) \times (1+R_2) \times \cdots \times (1+R_n)$

平均收益率
- 算术平均收益率或几何平均收益率
- 几何平均收益率相比算术平均收益率考虑了货币时间价值。一般来说，收益率波动越明显，算术平均收益率相比几何平均收益率越大

相对收益
- **定义**：基金相对于一定业绩比较基准的收益
- **确定方法**：根据基金投资的目标选取对应的行业或市场指数，例如沪深300指数、上证50指数等，以此指数成分股股票收益率作为业绩比较基准，求解相对收益

私募股权投资基金

概述：投资对象往往为私人股权，包括未上市企业和上市企业非公开发行和交易的普通股、依法可转换为普通股的优先股和可转换债券。目前我国的股权投资基金只能以非公开方式募集，因此我国的股权投资可理解为私募类私人股权投资基金，或称其为私募股权投资基金

特点

具有较长的投资周期：私募股权投资基金的投资对象为未上市企业的股权或非公开交易的股权，尤其对于未上市企业的投资，往往需要数年时间才能实现退出并获利，存在较长的封闭期。在清算前，基金份额转让和投资者退出较为困难，流动性较差

较大的投资收益波动性：较差的流动性与超长的投资周期，使得私募股权投资基金具有高风险、高期望收益的特征，不同投资项目收益率差异较大

对投资决策与管理的专业要求较高，投后需进行非财务资源注入：从事私募股权投资基金运作的人员往往具有多领域的经验与知识储备，团队体现出较高的智力密集型特征。私募股权投资基金在投资后会向被投资方提供商业资源与管理支持，并进行有效监督，帮助被投资企业快速发展，为自己寻找退出获利的机会

退出

股份上市转让或挂牌转让：首次公开发行上市（IPO）是私募股权投资基金优先考虑的退出方式，在被投资方经营达到较为良好的状态且满足资本市场IPO条件时，股权投资基金将通过推动被投资方上市，公开发行股票的方式，使所持有的股权从不可流通股份转换为可流通股份，获得价值增值与变现机会。另外，2012年成立的全国中小企业股份转让系统（也称"新三板"）为私募股权投资退出提供了新的通道，可选择在新三板挂牌退出

股权转让：私募股权投资基金的重要退出途径之一，主要指在企业未上市时，作为企业股东的私募股权投资基金依法将自己的股份让渡给他人，从而退出企业。对于有限责任公司，可以向现有股东转让股份，称为内部转让；也可以向现有股东以外的人转让股份，称为外部转让。外部转让需得到半数股东同意，且现有股东放弃优先购买权

清算退出：主要针对项目投资失败的情况，被投资方结束经营，私募股权投资基金作为股东，通过被投资方清算实现退出。主要有两种情形：一种为破产清算，即公司被依法宣告破产，由法院依照相关规定组织清算组进行清算；另一种为解散清算，即股东主动启动清算程序解散公司

比对 — **从投资阶段看**
- **私募股权基金**：主要投资拟上市公司，被投资方业务已进入发展阶段
- **风险投资基金**：更关注初创型企业，公司经营可能刚刚起步，投资标的以高新技术企业或项目为主

第五节 基金投资与期权投资 — ★期权投资

- 概念
  - 含义：又称选择权合约，是指合约持有人可以选择在某一特定时期或该日期之前的任何时间以约定价格买入或者卖出标的资产的合约，即期权合约购买方既可以选择行权也可以选择不行权
- 构成要素
  - 标的资产：期权合约中约定交易的资产，包括商品、金融资产、利率、汇率或综合价格指数等
  - 期权买方：通过支付费用获取期权合约规定的权利，也称为期权的多头
  - 期权卖方：通过获得买方支付的合约购买费用，承担在规定时间内履行期权合约义务的责任，也称为期权的空头
  - 执行价格：也称协议价格，指依据合约规定，期权买方在行权时所实际执行的价格。该价格与行权时的实际价格之差将体现为期权买方的收益或损失
  - 期权费用：期权买方为获取期权合约所赋予的权利而向卖方支付的费用，一旦支付，无论买方是否选择行权，费用不予退回
  - 通知日与到期日：通知日为预先确定的交货日之前的某一天，以便做好准备。到期日为期权合约必须履行的时间点
- 分类
  - 按照期权执行时间
    - 欧式期权：买方仅能在到期日执行期权，不可推迟或提前，欧式期权的卖方有权拒绝提前执行合约，如果推迟执行则合约作废
    - 由于美式期权的行权更加自由，因此在同样条件下，美式期权的费用也较高
    - 美式期权：允许买方在期权到期前的任何时间执行期权合约，包括到期日当天，但如果超过到期日则同样作废
  - 按照期权买方权利
    - 看涨期权：赋予了期权买方在到期日或到期日之前，以固定价格购买标的资产的权利，也称为买入期权
    - 看跌期权：赋予了期权买方在到期日或到期日之前，以固定价格卖出标的资产的权利，也称为卖出期权
- 到期日价值与净损益的计算
  - 看涨期权
    - 到期日价值
      - 买入（多头）看涨期权到期日价值=max（A_m−X，0）
      - 卖出（空头）看涨期权到期日价值=−max（A_m−X，0）
    - 净损益
      - 买入（多头）看涨期权净损益=多头看涨期权到期日价值−期权价格
      - 卖出（空头）看涨期权净损益=空头看涨期权到期日价值+期权价格
  - 看跌期权
    - 到期日价值
      - 买入（多头）看跌期权到期日价值=max（X−A_m，0）
      - 卖出（空头）看跌期权到期日价值=−max（X−A_m，0）
    - 净损益
      - 买入（多头）看跌期权净损益=多头看跌期权到期日价值−期权价格
      - 卖出（空头）看跌期权净损益=空头看跌期权到期日价值+期权价格
  - 以上公式中，X代表执行价格，A_m代表到期日股价
  - ★注：
    - 期权的购买者，其净损失有限（最大值为期权费）；期权的出售者，收取期权费，其净收益有限（最大值为期权费）
    - 对于看涨期权合约，价格涨（A_m＞X）对期权的购买者有利；对于看跌期权合约，价格跌（A_m＜X）对期权购买者有利
    - 期权买方有选择权，对其有利就行权，对其不利就不行权；卖方无选择权，只能根据买方的选择承担后果
    - 期权买方与卖方为零和博弈，即有"期权出售者的期权到期日价值=−期权购买者的期权到期日价值""期权出售者的期权净损益=−期权购买者的期权净损益"

第七章　营运资金管理

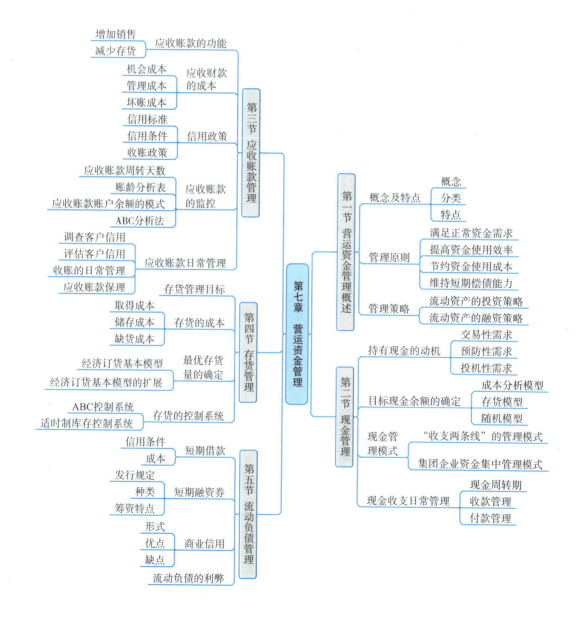

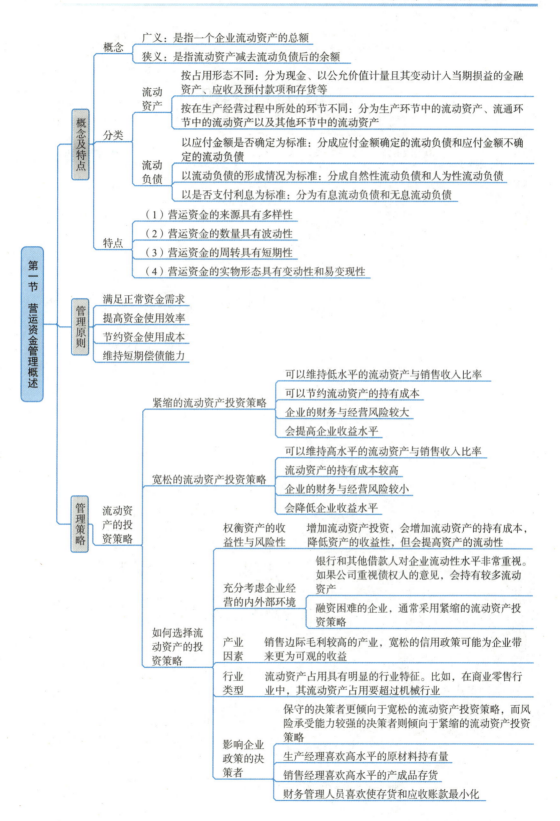

第一节 营运资金管理概述

概念及特点
- 概念
  - 广义：是指一个企业流动资产的总额
  - 狭义：是指流动资产减去流动负债后的余额
- 分类
  - 流动资产
    - 按占用形态不同：分为现金、以公允价值计量且其变动计入当期损益的金融资产、应收及预付款项和存货等
    - 按在生产经营过程中所处的环节不同：分为生产环节中的流动资产、流通环节中的流动资产以及其他环节中的流动资产
  - 流动负债
    - 以应付金额是否确定为标准：分成应付金额确定的流动负债和应付金额不确定的流动负债
    - 以流动负债的形成情况为标准：分成自然性流动负债和人为性流动负债
    - 以是否支付利息为标准：分为有息流动负债和无息流动负债
- 特点
  - （1）营运资金的来源具有多样性
  - （2）营运资金的数量具有波动性
  - （3）营运资金的周转具有短期性
  - （4）营运资金的实物形态具有变动性和易变现性

管理原则
- 满足正常资金需求
- 提高资金使用效率
- 节约资金使用成本
- 维持短期偿债能力

管理策略
- 流动资产的投资策略
  - 紧缩的流动资产投资策略
    - 可以维持低水平的流动资产与销售收入比率
    - 可以节约流动资产的持有成本
    - 企业的财务与经营风险较大
    - 会提高企业收益水平
  - 宽松的流动资产投资策略
    - 可以维持高水平的流动资产与销售收入比率
    - 流动资产的持有成本较高
    - 企业的财务与经营风险较小
    - 会降低企业收益水平
  - 如何选择流动资产的投资策略
    - 权衡资产的收益性与风险性
      - 增加流动资产投资，会增加流动资产的持有成本，降低资产的收益性，但会提高资产的流动性
    - 充分考虑企业经营的内外部环境
      - 银行和其他借款人对企业流动性水平非常重视。如果公司重视债权人的意见，会持有较多流动资产
      - 融资困难的企业，通常采用紧缩的流动资产投资策略
    - 产业因素
      - 销售边际毛利较高的产业，宽松的信用政策可能为企业带来更为可观的收益
    - 行业类型
      - 流动资产占用具有明显的行业特征。比如，在商业零售行业中，其流动资产占用要超过机械行业
    - 影响企业政策的决策者
      - 保守的决策者更倾向于宽松的流动资产投资策略，而风险承受能力较强的决策者则倾向于紧缩的流动资产投资策略
      - 生产经理喜欢高水平的原材料持有量
      - 销售经理喜欢高水平的产成品存货
      - 财务管理人员喜欢使存货和应收账款最小化

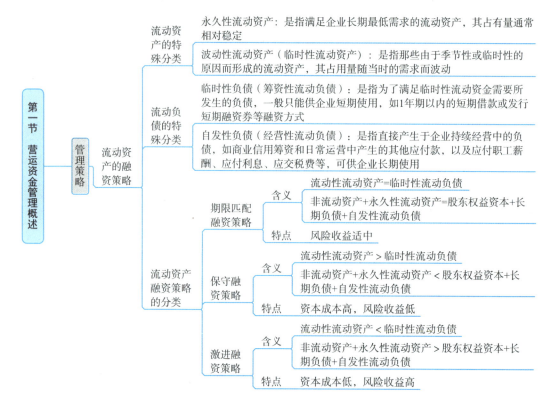

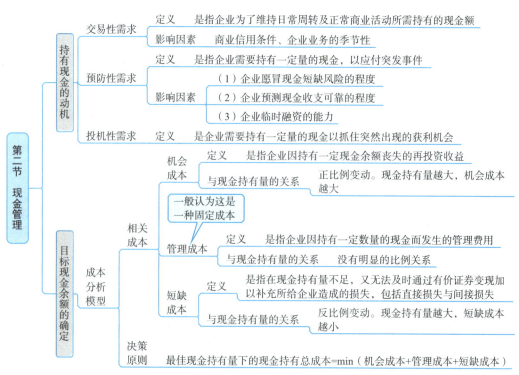

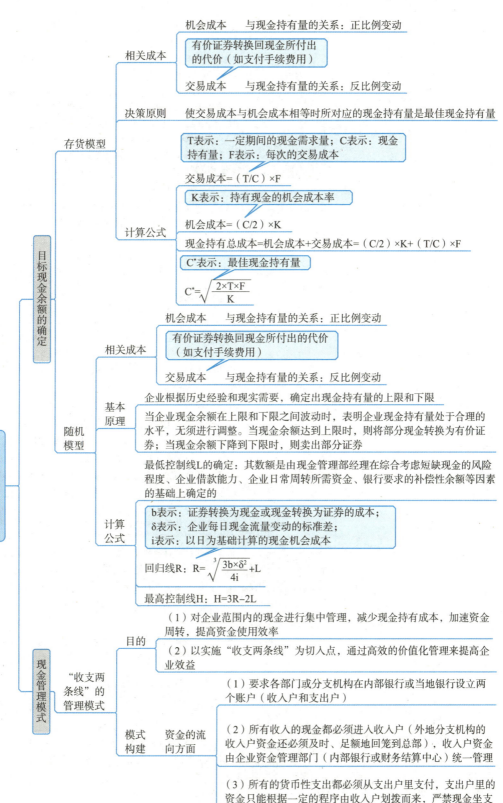

机会成本　与现金持有量的关系：正比例变动

有价证券转换回现金所付出的代价（如支付手续费用）

交易成本　与现金持有量的关系：反比例变动

相关成本

决策原则　使交易成本与机会成本相等时所对应的现金持有量是最佳现金持有量

存货模型

T表示：一定期间的现金需求量；C表示：现金持有量；F表示：每次的交易成本

交易成本＝（T/C）×F

K表示：持有现金的机会成本率

机会成本＝（C/2）×K

现金持有总成本=机会成本+交易成本=（C/2）×K+（T/C）×F

计算公式

C*表示：最佳现金持有量

$$C^* = \sqrt{\frac{2 \times T \times F}{K}}$$

目标现金余额的确定

机会成本　与现金持有量的关系：正比例变动

有价证券转换回现金所付出的代价（如支付手续费用）

交易成本　与现金持有量的关系：反比例变动

相关成本

企业根据历史经验和现实需要，确定出现金持有量的上限和下限

基本原理

当企业现金余额在上限和下限之间波动时，表明企业现金持有量处于合理的水平，无须进行调整。当现金余额达到上限时，则将部分现金转换为有价证券；当现金余额下降到下限时，则卖出部分证券

随机模型

最低控制线L的确定：其数额是由现金管理部经理在综合考虑短缺现金的风险程度、企业借款能力、企业日常周转所需资金、银行要求的补偿性余额等因素的基础上确定的

b表示：证券转换为现金或现金转换为证券的成本；
δ表示：企业每日现金流量变动的标准差；
i表示：以日为基础计算的现金机会成本

计算公式

回归线R：$R = \sqrt[3]{\frac{3b \times \delta^2}{4i}} + L$

最高控制线H：H=3R-2L

第二节　现金管理

（1）对企业范围内的现金进行集中管理，减少现金持有成本，加速资金周转，提高资金使用效率

目的

（2）以实施"收支两条线"为切入点，通过高效的价值化管理来提高企业效益

现金管理模式

（1）要求各部门或分支机构在内部银行或当地银行设立两个账户（收入户和支出户）

"收支两条线"的管理模式

模式构建　资金的流向方面

（2）所有收入的现金都必须进入收入户（外地分支机构的收入户资金还必须及时、足额地回笼到总部），收入户资金由企业资金管理部门（内部银行或财务结算中心）统一管理

（3）所有的货币性支出都必须从支出户里支付，支出户里的资金只能根据一定的程序由收入户划拨而来，严禁现金坐支

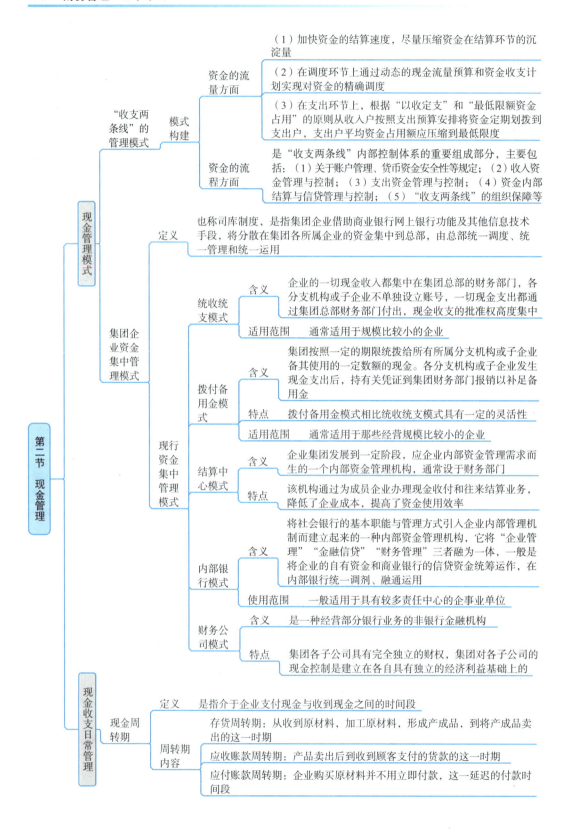

现金管理模式

"收支两条线"的管理模式

模式构建

资金的流量方面
（1）加快资金的结算速度，尽量压缩资金在结算环节的沉淀量
（2）在调度环节上通过动态的现金流量预算和资金收支计划实现对资金的精确调度
（3）在支出环节上，根据"以收定支"和"最低限额资金占用"的原则从收入户按照支出预算安排将资金定期划拨到支出户，支出户平均资金占用额应压缩到最低限度

资金的流程方面
是"收支两条线"内部控制体系的重要组成部分，主要包括：（1）关于账户管理、货币资金安全性等规定；（2）收入资金管理与控制；（3）支出资金管理与控制；（4）资金内部结算与信贷管理与控制；（5）"收支两条线"的组织保障等

集团企业资金集中管理模式

定义
也称司库制度，是指集团企业借助商业银行网上银行功能及其他信息技术手段，将分散在集团各所属企业的资金集中到总部，由总部统一调度、统一管理和统一运用

现行资金集中管理模式

统收统支模式
含义　企业的一切现金收入都集中在集团总部的财务部门，各分支机构或子企业不单独设立账号，一切现金支出都通过集团总部财务部门付出，现金收支的批准权高度集中
适用范围　通常适用于规模比较小的企业

拨付备用金模式
含义　集团按照一定的期限统拨给所有所属分支机构或子企业备其使用的一定数额的现金。各分支机构或子企业发生现金支出后，持有关凭证到集团财务部门报销以补足备用金
特点　拨付备用金模式相比统收统支模式具有一定的灵活性
适用范围　通常适用于那些经营规模比较小的企业

结算中心模式
含义　企业集团发展到一定阶段，应企业内部资金管理需求而生的一个内部资金管理机构，通常设于财务部门
特点　该机构通过为成员企业办理现金收付和往来结算业务，降低了企业成本，提高了资金使用效率

内部银行模式
含义　将社会银行的基本职能与管理方式引入企业内部管理机制而建立起来的一种内部资金管理机构，它将"企业管理""金融信贷""财务管理"三者融为一体，一般是将企业的自有资金和商业银行的信贷资金统筹运作，在内部银行统一调剂、融通运用
使用范围　一般适用于具有较多责任中心的企事业单位

财务公司模式
含义　是一种经营部分银行业务的非银行金融机构
特点　集团各子公司具有完全独立的财权，集团对各子公司的现金控制是建立在各自具有独立的经济利益基础上的

第二节　现金管理

现金收支日常管理

现金周转期

定义　是指介于企业支付现金与收到现金之间的时间段

周转期内容
存货周转期：从收到原材料，加工原材料，形成产成品，到将产成品卖出的这一时期
应收账款周转期：产品卖出后到收到顾客支付的货款的这一时期
应付账款周转期：企业购买原材料并不用立即付款，这一延迟的付款时间段

经营周期=存货周转期+应收账款周转期
现金周转期=经营周期−应付账款周转期
其中：
存货周转期=存货平均余额/每天的销货成本
应收账款周转期=应收账款平均余额/每天的销货收入
应付账款周转期=应付账款平均余额/每天的购货成本

计算公式

现金周转期

减少现金周转期的措施
（1）加快制造与销售产成品来减少存货周转期
（2）加速应收账款的回收来减少应收账款周转期
（3）减缓支付应付账款来延长应付账款周转期

收款成本包括浮动期成本、管理收款系统的相关费用（如银行手续费）及第三方处理费用或清算相关费用

高效率收款系统　能够使收款成本和收款浮动期达到最小，同时能够保证与客户汇款及其他现金流入来源相关的信息质量

收款浮动期主要是由纸基支付工具导致的

收款浮动期是指从支付开始到企业收到资金的时间间隔

收款管理

收款浮动期类型
邮寄浮动期：是指从付款人寄出支票到收款人或收款人的处理系统收到支票的时间间隔
处理浮动期：是指支票的接受方处理支票和将支票存入银行以收回现金所花的时间
结算浮动期：是指通过银行系统进行支票结算所需时间

收款方式的改善　电子支付方式对比纸基（或称纸质）方式是一种改进

电子支付方式优点
（1）结算时间和资金可用性可以预计
（2）向任何一个账户或任何金融机构的支付具有灵活性，不受人工干扰
（3）客户的汇款信息可与支付同时传送，更容易更新应收账款
（4）客户的汇款从纸基方式转向电子方式，减少或消除了收款浮动期，降低了收款成本，收款过程更容易控制，并且提高了预测精度

第一节　现金管理

现金收支日常管理

付款管理

延缓现金支出的策略

使用现金浮游量　指由于企业提高收款效率和延长付款时间所产生的企业账户上的现金余额和银行账户上的企业存款余额之间的差额

推迟应付款的支付　指企业在不影响自己信誉的前提下，充分运用供货方所提供的信用优惠，尽可能地推迟应付款的支付期

汇票代替支票　与支票不同的是，承兑汇票并不是见票即付，因此可以推迟企业调入资金支付汇票的实际所需时间

改进员工工资支付模式　企业可以为支付工资专门设立一个工资账户，通过银行向职工支付工资

透支　企业开出支票的金额大于活期存款余额

争取现金流出与现金流入同步　企业应尽量使现金流出与流入同步，这样，就可以降低交易性现金余额，同时可以减少有价证券转换为现金的次数，提高现金的利用效率，节约转换成本

使用零余额账户　企业与银行合作，保持一个主账户和一系列子账户。企业只在主账户保持一定的安全储备，而在一系列子账户不需要保持安全储备

应收账款的功能
- 增加销售
- 减少存货

第三节　应收账款管理

应收账款的成本

机会成本
- 含义　因投放于应收账款而放弃其他投资所带来的收益
- 平均收现期为各种收现期的加权平均数
- 计算公式

应收账款平均余额=日销售额×平均收现期
应收账款占用资金=应收账款平均余额×变动成本率
应收账款占用资金的应计利息（即机会成本）
=应收账款占用资金×资本成本
=应收账款平均余额×变动成本率×资本成本
=日销售额×平均收现期×变动成本率×资本成本
=全年销售额/360×平均收现期×变动成本率×资本成本
=（全年销售额×变动成本率）/360×平均收现期×资本成本
=全年变动成本/360×平均收现期×资本成本

管理成本
- 含义　主要是指在进行应收账款管理时，所增加的费用。主要包括：调查顾客信用状况的费用、收集各种信息的费用、账簿的记录费用、收账费用等

坏账成本
- 含义　在赊销交易中，债务人由于种种原因无力偿还债务，债权人因无法收回应收账款而发生的损失
- 计算公式　应收账款的坏账成本=赊销额×预计坏账损失率

信用政策

信用标准
- 含义　是指信用申请者获得企业提供信用所必须达到的最低信用水平，通常以预期的坏账损失率作为判别标准
- 信用的定性分析　是对申请人"质"的分析，常用5C信用评价系统

  是5C中最重要的因素
  - 品质（character）：是指个人或企业申请人的诚实和正直表现
  - 能力（capacity）：是指申请人的偿债能力，着重了解申请人流动资产的数量、质量以及流动比率的高低
  - 资本（capital）：是指如果申请人当期的现金流不足以还债，申请人在短期和长期内可以使用的财务资源，反映对于负债的保障程度
  - 抵押（collateral）：是指当申请人不能满足还款条款时，可用作债务担保的资产或其他担保物
  - 条件（condition）：是指影响申请人还款能力和意愿的各种外在因素

- 信用的定量分析　通常使用比率分析顾客的财务状况
  - 流动性和营运资本比率：如流动比率、速动比率以及现金对负债总额比率
  - 债务管理和支付比率：利息保障倍数、长期债务对资本比率、带息债务对资产总额比率，以及负债总额对资产总额比率
  - 盈利能力指标：销售回报率、总资产回报率和净资产收益率

信用条件
- 含义　是销货企业要求赊购客户支付货款的条件，由信用期限、折扣期限和现金折扣三个要素组成，折扣期限和现金折扣构成折扣条件
- 信用期限　是企业允许顾客从购货到付款之间的时间，或者说是企业给予顾客的最长付款时间，一般简称为信用期
- 折扣期限　是为顾客规定的可享受现金折扣的付款时间
- 现金折扣　是在顾客提前付款时给予的优惠，常用如"5/10、3/20、N/30"这样的符号

  5/10表示10天内付款，可享受5%的价格优惠；3/20表示20天内付款，可享受3%的价格优惠；N/30表示付款的最后期限为30天，此时付款无优惠

第三节 应收账款管理

信用政策

收账政策
是指信用条件被违反时，企业采取的收账策略

企业如果采取较积极的收账政策，可能会减少应收账款投资，减少坏账损失，但要增加收账成本。如果采用较消极的收账政策，则可能会增加应收账款投资，增加坏账损失，但会减少收账费用

应收账款的监控

应收账款周转天数
是衡量应收账款管理状况的一个指标。将企业当前的应收账款周转天数与规定的信用期限、历史趋势以及行业正常水平进行比较，可以反映企业整体的收款效率

账龄分析表
可以确定逾期应收账款，既可以按照应收账款总额进行账龄分析，也可以分顾客进行账龄分析

应收账款账户余额的模式
反映一定期间（如1个月）的赊销额，在发生赊销的当月月末及随后的各月仍未偿还的百分比

ABC分析法

- **含义**
ABC分析法是现代经济管理中广泛应用的一种"抓重点、照顾一般"的管理方法，又称重点管理法。它是将企业的所有欠款客户按其金额的多少进行分类排队，然后分别采用不同的收账策略的一种方法。它一方面能加快应收账款收回，另一方面能将收账费用与预期收益联系起来

某类客户应收账款逾期金额占应收账款逾期金额总额的比重

- **分类**
  - A类客户（较大）：可以发出措辞较为严厉的信件催收，或派专人催收，甚至可通过法律解决
  - B类客户（居中）：则可以多发几封信函催收，或打电话催收
  - C类客户（较小）：只需要发出通知其付款的信函即可

应收账款日常管理

调查客户信用
- 直接调查：是指调查人员通过与被调查单位进行直接接触，通过当面采访、询问、观看等方式获取信用资料的一种方法
- 间接调查：是以被调查单位以及其他单位保存的有关原始记录和核算资料为基础，通过加工整理获得被调查单位信用资料的一种方法

评估客户信用
企业一般采用"5C"系统来评价，并对客户信用进行等级划分

收账的日常管理
在对收账的收益与成本进行比较分析的基础上，制定切实可行的收账政策

应收账款保理

- **含义**
是企业将赊销形成的未到期应收账款，在满足一定条件的情况下转让给保理商，以获得流动资金，加快资金的周转

- **种类**
  - 有追索权保理：供应商将债权转让给保理商，如果购货商付款或无力付款，保理商都有权向供应商进行追索
  - 无追索权保理：保理商将销售合同完全买断，并承担全部的收款风险
  - 明保理：保理商和供应商需要将销售合同被转让的情况通知购货商，并签订保理商、供应商、购货商之间的三方合同
  - 暗保理：供应商为了避免让客户知道自己因流动资金不足而转让应收账款，并不将债权转让情况通知客户，货款到期时仍由销售商出面催款，再向银行偿还借款
  - 折扣保理（融资保理）：在销售合同到期前，保理商将剩余未收款部分先预付给销售商，一般不超过全部合同额的70%～90%
  - 到期保理：保理商并不提供预付账款融资，而是在赊销到期时才支付，届时不管货款是否收到，保理商都必须向销售商支付货款

- **作用**
  - （1）融资功能：其实质是一种将未到期应收账款作为抵押从而获得短期借款的融资方式
  - （2）减轻企业应收账款的管理负担
  - （3）减少坏账损失、降低经营风险
  - （4）改善企业的财务结构：增强了企业资产的流动性，提高了企业的债务清偿能力

第四节　存货管理

存货管理目标
- 保证生产正常进行
- 提高销售机动性
- 维持均衡生产，降低产品生产成本
- 降低存货取得成本
- 防止意外事件发生

存货的成本

为取得某种存货而支出的成本

取得成本（TCa）
- 订货成本
  - 是指取得订单的成本，如办公费、差旅费、邮资、运输费等支出
  - 订货变动成本（K）：与订货次数有关，如差旅费、邮资等。订货次数等于存货年需要量D与每次进货量Q之商
  - 计算公式：订货成本=F_1+（D/Q）×K
- 购置成本
  - 是指为购买存货本身所支出的成本
  - D表示年需要量；U表示单价
  - 计算公式：购置成本=D×U

储存成本（TCc）
- 是指为保持存货而发生的成本，包括存货占用资金所应计的利息、仓库费用、保险费用、存货破损和变质损失等
- 固定储存成本（F_2）：与存货数量的多少无关，如仓库折旧、仓库职工的固定工资等
- 变动储存成本（Kc）：与存货的数量有关，如存货资金的应计利息、存货的破损和变质损失、存货的保险费用等
- 计算公式：储存成本=固定储存成本+变动储存成本

缺货成本（TCs）
- 是指由于存货供应中断而造成的损失，包括材料供应中断造成的停工损失、产成品库存缺货造成的拖欠发货损失和丧失销售机会的损失及造成的商誉损失等

储备存货总成本（TC）
- 计算公式：TC=TCa+TCc+TCs=F_1+（D/Q）×K+DU+F_2+KcQ_2+TCs

最优存货量的确定

经济订货基本模型

基本假设
- （1）存货总需求量是已知常数
- （2）不存在订货提前期，即可以随时补充存货
- （3）货物是一次性入库
- （4）单位货物成本为常数，无批量折扣
- （5）库存储存成本与库存水平呈线性关系
- （6）货物是一种独立需求的物品，不受其他货物影响
- （7）不允许缺货，即无缺货成本，TCs为零

基本公式
- EOQ表示经济订货批量，D表示存货年需要量，K表示每次订货的变动成本，Kc表示单位变动储存成本
- 经济订货批量：EOQ=$\sqrt{\dfrac{2KD}{Kc}}$
- 与批量相关的存货总成本=变动订货成本+变动储存成本
  TC（EOQ）=K×（D/Q）+（Q/2）×K_C
  TC（EOQ）=$\sqrt{2KDK_C}$
- 每年最佳订货次数N*=存货年需求总量/经济订货批量=D/EOQ
- 最佳订货周期t*=1/每年最佳订货次数（年）=360/N*（天）
- 经济订货量平均占用资金=经济订货量/2×存货单价=（EOQ/2）×U

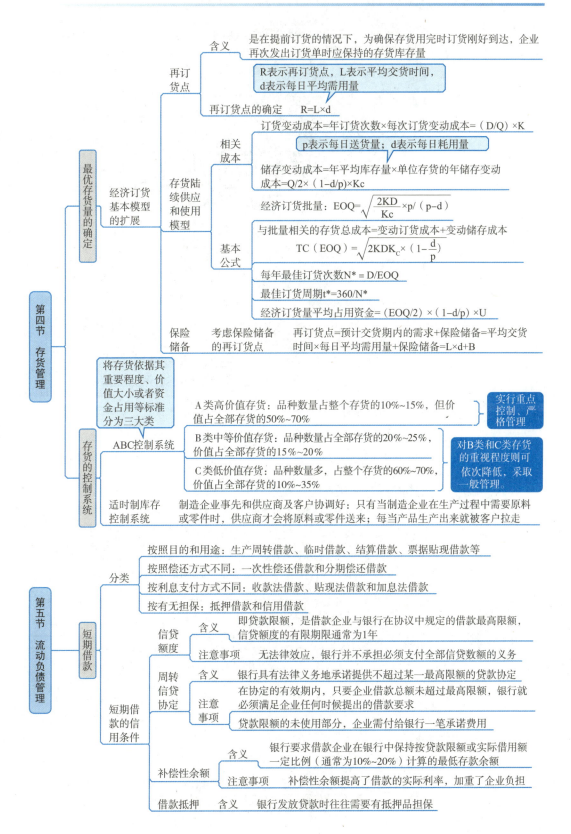

含义 是在提前订货的情况下，为确保存货用完时订货刚好到达，企业再次发出订货单时应保持的存货库存量

再订货点

R表示再订货点，L表示平均交货时间，d表示每日平均需用量

再订货点的确定 R=L×d

订货变动成本=年订货次数×每次订货变动成本=（D/Q）×K

p表示每日送货量；d表示每日耗用量

储存变动成本=年平均库存量×单位存货的年储存变动成本=Q/2×（1−d/p）×Kc

经济订货批量：$EOQ=\sqrt{\dfrac{2KD}{Kc}\times p/(p-d)}$

与批量相关的存货总成本=变动订货成本+变动储存成本

$TC（EOQ）=\sqrt{2KDK_c\times（1-\dfrac{d}{p}）}$

每年最佳订货次数N* = D/EOQ

最佳订货周期t*=360/N*

经济订货量平均占用资金=（EOQ/2）×（1−d/p）×U

考虑保险储备的再订货点 再订货点=预计交货期内的需求+保险储备=平均交货时间×每日平均需用量+保险储备=L×d+B

将存货依据其重要程度、价值大小或者资金占用等标准分为三大类

ABC控制系统

A类高价值存货：品种数量占整个存货的10%~15%，但价值占全部存货的50%~70% 实行重点控制、严格管理

B类中等价值存货：品种数量占全部存货的20%~25%，价值占全部存货的15%~20% 对B类和C类存货的重视程度则可依次降低，采取一般管理。

C类低价值存货：品种数量多，占整个存货的60%~70%，价值占全部存货的10%~35%

适时制库存控制系统 制造企业事先和供应商及客户协调好：只有当制造企业在生产过程中需要原料或零件时，供应商才会将原料或零件送来；每当产品生产出来就被客户拉走

分类

按照目的和用途：生产周转借款、临时借款、结算借款、票据贴现借款等

按照偿还方式不同：一次性偿还借款和分期偿还借款

按利息支付方式不同：收款法借款、贴现法借款和加息法借款

按有无担保：抵押借款和信用借款

短期借款的信用条件

信贷额度 含义 即贷款限额，是借款企业与银行在协议中规定的借款最高限额，信贷额度的有限期通常为1年

注意事项 无法律效应，银行并不承担必须支付全部信贷数额的义务

周转信贷协定 含义 银行具有法律义务地承诺提供不超过某一最高限额的贷款协定

注意事项 在协定的有效期内，只要企业借款总额未超过最高限额，银行就必须满足企业任何时候提出的借款要求

贷款限额的未使用部分，企业需付给银行一笔承诺费用

补偿性余额 含义 银行要求借款企业在银行中保持按贷款限额或实际借用额一定比例（通常为10%~20%）计算的最低存款余额

注意事项 补偿性余额提高了借款的实际利率，加重了企业负担

借款抵押 含义 银行发放贷款时往往需要有抵押品担保

第五节 流动负债管理

短期借款

短期借款的信用条件

偿还条件

含义：贷款的偿还有到期一次偿还和在贷款期内定期（每月、季）等额偿还两种方式

注意事项：贷款期内定期等额偿还会提高借款的实际年利率

其他承诺

含义：银行有时还会要求企业为取得贷款而作出其他承诺

短期借款的成本

借款利率

优惠利率：是银行向财力雄厚、经营状况良好的企业贷款时采用的利率，为贷款利率的最低限

浮动优惠利率：是一种随其他短期利率的变动而浮动的优惠利率，即随市场条件的变化而随时调整变化的优惠利率

非优惠利率：是银行贷款给一般企业时收取的高于优惠利率的利率

短期借款利息的支付方式

实际利率=名义利率

收款法：在借款到期时向银行支付利息的方法

实际利率＞名义利率

贴现法：又称折价法，是指银行向企业发放贷款时，先从本金中扣除利息部分，到期时借款企业偿还全部贷款本金的一种利息支付方法

实际利率＜名义利率

加息法：是银行发放分期等额偿还贷款时采用的利息收取方法

短期融资券

含义：是由企业依法发行的无担保短期本票

种类：
- 按发行人分类，短期融资券分为金融企业的融资券和非金融企业的融资券
- 按发行方式分类，短期融资券分为经纪人承销的融资券和直接销售的融资券

发行条件：
- 发行人为非金融企业
- 发行和交易的对象：银行间债券市场的机构投资者
- 企业不得自行销售融资券，发行融资券募集的资金用于本企业的生产经营
- 采用实名记账方式
- 债务融资工具发行利率、发行价格和所涉费率以市场化方式确定

优点：
- 短期融资券的筹资成本较低（相对于发行企业债券筹资而言）
- 短期融资券筹资数额比较大（相对于银行借款筹资而言）

缺点：发行短期融资券的条件比较严格。只有具备一定的信用等级的实力强的企业，才能发行短期融资券筹资

商业信用

含义：指企业在商品或劳务交易中，以延期付款或预收货款方式进行购销活动而形成的借贷关系，是企业之间的直接信用行为

商业信用形式

应付账款

含义：供应商给企业提供的一种商业信用

商业信用条件：
- （1）有信用期，但无现金折扣：如"N/30"表示30天内按发票金额全数支付
- （2）有信用期和现金折扣：如"2/10，N/30"表示10天内付款享受现金折扣2%，若买方放弃折扣，30天内必须付清款项

决策原则：
- 放弃现金折扣的信用成本率大于短期借款利率（或短期投资收益率），应选择享受折扣
- 放弃现金折扣的信用成本率小于短期借款利率（或短期投资收益率），应选择放弃折扣

应付票据

因采用商业汇票结算方式而产生的商业信用

预收货款

指销货单位按照合同和协议规定，在发出货物之前向购货单位预先收取部分或全部货款的信用行为

应计未付款

是指企业在生产经营和利润分配过程中已经计提但尚未以货币支付的款项。主要包括应付职工薪酬、应交税费、应付利润或应付股利等

商业信用容易获得

企业有较大的机动权

企业一般不用提供担保

商业信用筹资成本高。在附有现金折扣条件的应付账款融资方式下，其筹资成本与银行信用相比较高

容易恶化企业的信用水平

受外部环境影响较大

容易获得，具有灵活性，能够有效满足企业季节性信贷需求。另外，短期借款一般比长期借款具有更少的约束性条款

需要持续地重新谈判或滚动安排负债

优点

缺点

经营优势

经营劣势

商业信用

流动负债的利弊

第五节　流动负债管理

第八章　成本管理

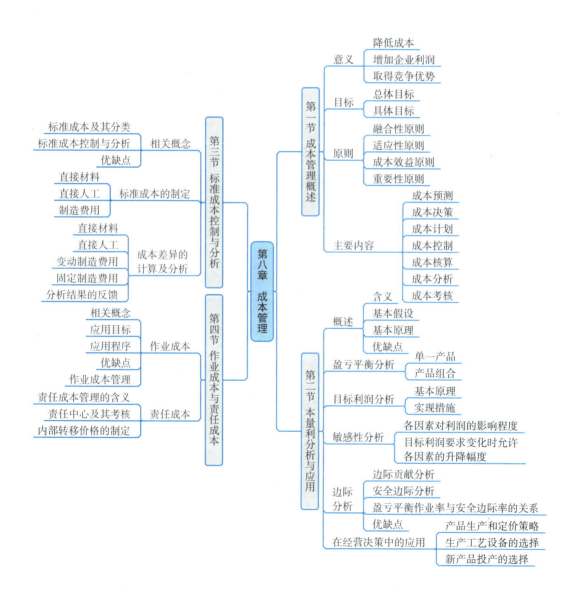

第一节 成本管理概述

定义 企业在营运过程中实施成本预测、成本决策、成本计划、成本控制、成本核算、成本分析和成本考核等一系列管理活动的总称；其目的是充分组织企业全体人员，对营运过程的各个环节进行科学管理，力求以最少的生产耗费取得最多的生产成果

意义

降低成本，为企业扩大再生产创造条件
- 第一阶段：在既定的经济规模、技术水平、质量标准等前提条件下，通过合理的组织管理提高生产效率、降低消耗
- 第二阶段：当成本降低到一阶段条件许可的极限时，通过改变成本发生的基础条件，如采用新技术设备、新工艺流程、新产品设计、新材料等，使影响成本的结构性因素得到改善，使成本在新的基础上进一步降低

增加企业利润，提高企业经济效益
- 单纯以成本的降低为标准容易形成误区，成本管理要利用成本、质量、价格、销量等因素之间的相互关系，满足企业为维系质量、调整价格、扩大市场份额等对成本的需要，从而帮助企业最大限度地提高经济效益

帮助企业取得竞争优势，增强企业的竞争能力和抗风险能力
- 实施低成本战略：通过成本管理降低单位产品成本，能明显且直接提高企业在市场上的主动性和话语权，提升企业的核心竞争力
- 实施差异化战略：通过成本管理规范成本形成过程，适时进行流程优化或流程再造，在资源既定的前提下，生产出满足客户需求的产品
- 这些战略措施通常需要成本管理予以配合，不同发展战略下的成本管理需求与企业目标具有高度的一致性

目标

总体目标
- 服从于企业的整体经营目标
- 成本领先战略中，成本管理的总体目标是追求成本水平的绝对降低
- 差异化战略中，成本管理的总体目标则是在保证实现产品、服务等方面差异化的前提下，对产品全生命周期成本进行管理，实现成本的持续降低

具体目标
- 对总体目标的进一步细分
- 成本计算的目标　为所有内、外部信息使用者提供成本信息
- 成本控制的目标　降低成本水平

原则

融合性原则 成本管理应以企业业务模式为基础，将成本管理嵌入业务的各领域、各层次、各环节，实现成本管理责任到人、控制到位、考核严格、目标落实

适应性原则 成本管理应与企业生产经营特点和目标相适应，尤其要与企业发展战略或竞争战略相适应

成本效益原则 成本管理在应用相关工具方法时，应权衡其为企业带来的收益和付出的成本，避免获得的收益小于其投入的成本

重要性原则 成本管理重点关注对成本具有重大影响的项目，对于不具有重要性的项目可适当简化

★主要内容

成本预测 以现有条件为前提，在历史成本资料的基础上，根据未来可能发生的变化，利用科学的方法，对未来成本水平及其发展趋势进行描述和判断

成本决策 在成本预测及有关成本资料的基础上，综合经济效益、质量、效率和规模等指标，运用定性和定量的方法对各个成本方案进行分析并选择最优方案

成本计划 以营运计划和有关成本数据、资料为基础，根据成本决策所确定的目标，针对计划期企业的生产耗费和成本水平进行的具有约束力的成本筹划

 事前

成本控制 根据预定的目标，对成本发生和形成过程以及影响成本的各种因素条件施加主动的影响或干预，把实际成本控制在预期目标内

 事中

成本核算
- 对营运过程中实际发生的各种耗费按照规定的成本项目进行归集、分配和结转，取得不同成本核算对象的总成本和单位成本，向有关使用者提供成本信息
- 分为财务成本核算和管理成本核算。财务成本核算采用历史成本计量，而管理成本核算既可以用历史成本，又可以用现在成本或未来成本

成本考核 对成本计划及其有关指标实际完成情况进行定期总结和评价，并根据考核结果和责任制的落实情况，进行相应奖励和惩罚，以监督和促进企业加强成本管理责任制，提高成本管理水平

 事后

第一节 成本管理概述

★主要内容

成本分析：利用成本核算提供的成本信息及其他有关资料，分析成本水平与构成的变动情况，查明影响成本变动的各种因素和产生的原因，并采取有效措施控制成本

★贯穿事前、事中、事后

★关系：成本分析贯穿于成本管理的全过程；成本预测、成本决策与成本计划在战略上对成本控制、成本核算、成本分析和成本考核进行指导；成本预测、成本决策与成本计划的变动是企业外部经济环境和企业内部竞争战略变动的结果；成本控制、成本核算、成本分析和成本考核通过成本信息的流动互相联系

第二节 本量利分析与应用

概述

含义：简称CVP分析，是指以成本性态分析和变动成本法为基础，运用数学模型和图式，对成本、利润、业务量与单价等因素之间的依存关系进行分析，发现变动的规律性，为企业进行预测、决策、计划和控制等活动提供支持的一种方法

假设

总成本由变动成本和固定成本两部分组成
- 要求企业的全部成本可按其性态区分为变动成本和固定成本，变动成本总额与业务量呈正比例变动，固定成本总额保持不变
- 按成本性态划分成本是本量利分析的基本前提条件

销售收入与业务量呈完全线性关系
- 要求销售收入随业务量的变化而变化，两者之间应保持完全线性关系
- 当销售量在相关范围内变化时，产品的单价不会发生变化

产销平衡
- 当期产品的生产量与业务量相一致，不考虑存货变动对利润的影响
- 主要是在盈亏平衡分析时不考虑存货的影响。因为盈亏平衡分析是一种短期决策，仅仅考虑特定时期全部成本的收回，而存货中包含了以前时期的成本，所以不在考虑范围之内

产品产销结构稳定：在产销多种产品的情况下，盈亏平衡点会受到多种产品贡献和产销结构的影响，只有在产销结构不变的基础上进行的盈亏平衡分析才是有效的

原理

相关因素：销售量、单价、单位变动成本、固定成本、息税前利润等

公式

利润
- =销售收入－总成本=销售收入－（变动成本+固定成本）
- =销售量×（单价－单位变动成本）－固定成本

这个公式是明确表达本量利之间数量关系的基本关系式，它含有五个相互联系的变量，给定其中四个变量，便可求出另外一个变量的值

优缺点

优点：可以广泛应用于规划企业经济活动和营运决策等方面，简便易行、通俗易懂且容易掌握

缺点：本量利分析仅考虑单因素变化的影响，是一种静态分析方法，且对成本性态较为依赖

★盈亏平衡分析

定义：分析、测定盈亏平衡点，以及有关因素变动对盈亏平衡点的影响等

原理
- 当企业的业务量等于盈亏平衡点的业务量时，企业处于盈亏平衡状态
- 当企业的业务量高于盈亏平衡点的业务量时，企业处于盈利状态
- 当企业的业务量低于盈亏平衡点的业务量时，企业处于亏损状态

单一产品盈亏平衡分析

盈亏平衡点：企业达到盈亏平衡状态的业务量或销售额，即企业一定时期的总收入等于总成本、利润为零时的业务量或销售额

表现形式
- 以实物量来表现，称为盈亏平衡点的业务量（也称保本销售量）
- 以货币单位表示，称为盈亏平衡点的销售额（也称保本销售额）

公式

盈亏平衡点业务量
- =固定成本/（单价－单位变动成本）
- =固定成本/单位边际贡献

盈亏平衡点销售额
- =盈亏平衡点的业务量×单价
- =固定成本/边际贡献率

降低盈亏平衡点的方法
- 企业经营管理者总是希望企业的盈亏平衡点越低越好，盈亏平衡点越低，企业的经营风险就越小
- （1）降低固定成本总额；（2）降低单位变动成本；（3）提高销售单价

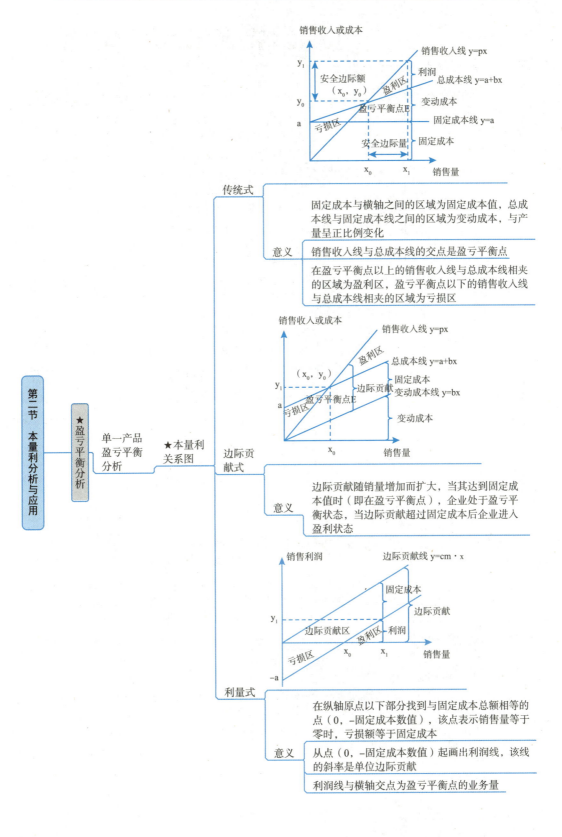

第二节 本量利分析与应用 — ★盈亏平衡分析 — 单一产品盈亏平衡分析 — ★本量利关系图

传统式

固定成本与横轴之间的区域为固定成本值，总成本线与固定成本线之间的区域为变动成本，与产量呈正比例变化

意义：销售收入线与总成本线的交点是盈亏平衡点

在盈亏平衡点以上的销售收入线与总成本线相夹的区域为盈利区，盈亏平衡点以下的销售收入线与总成本线相夹的区域为亏损区

边际贡献式

意义：边际贡献随销量增加而扩大，当其达到固定成本值时（即在盈亏平衡点），企业处于盈亏平衡状态，当边际贡献超过固定成本后企业进入盈利状态

利量式

意义：在纵轴原点以下部分找到与固定成本总额相等的点（0，-固定成本数值），该点表示销售量等于零时，亏损额等于固定成本

从点（0，-固定成本数值）起画出利润线，该线的斜率是单位边际贡献

利润线与横轴交点为盈亏平衡点的业务量

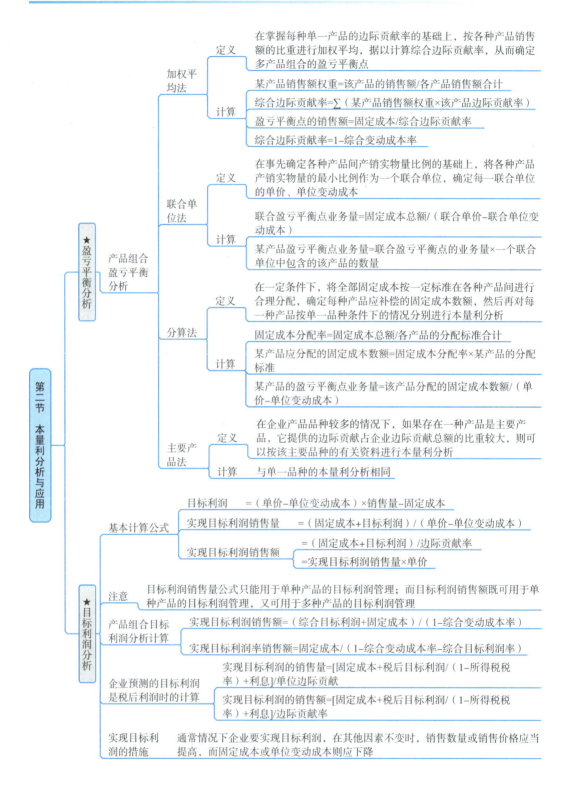

产品组合盈亏平衡分析

加权平均法
- 定义：在掌握每种单一产品的边际贡献率的基础上，按各种产品销售额的比重进行加权平均，据以计算综合边际贡献率，从而确定多产品组合的盈亏平衡点
- 计算：
  - 某产品销售额权重=该产品的销售额/各产品销售额合计
  - 综合边际贡献率=∑（某产品销售额权重×该产品边际贡献率）
  - 盈亏平衡点的销售额=固定成本/综合边际贡献率
  - 综合边际贡献率=1-综合变动成本率

联合单位法
- 定义：在事先确定各种产品间产销实物量比例的基础上，将各种产品产销实物量的最小比例作为一个联合单位，确定每一联合单位的单价、单位变动成本
- 计算：
  - 联合盈亏平衡点业务量=固定成本总额/（联合单价-联合单位变动成本）
  - 某产品盈亏平衡点业务量=联合盈亏平衡点的业务量×一个联合单位中包含的该产品的数量

分算法
- 定义：在一定条件下，将全部固定成本按一定标准在各种产品间进行合理分配，确定每种产品应补偿的固定成本数额，然后再对每一种产品按单一品种条件下的情况分别进行本量利分析
- 计算：
  - 固定成本分配率=固定成本总额/各产品的分配标准合计
  - 某产品应分配的固定成本数额=固定成本分配率×某产品的分配标准
  - 某产品的盈亏平衡点业务量=该产品分配的固定成本数额/（单价-单位变动成本）

主要产品法
- 定义：在企业产品品种较多的情况下，如果存在一种产品是主要产品，它提供的边际贡献占企业边际贡献总额的比重较大，则可以按该主要品种的有关资料进行本量利分析
- 计算：与单一品种的本量利分析相同

目标利润分析

基本计算公式
- 目标利润=（单价-单位变动成本）×销售量-固定成本
- 实现目标利润销售量=（固定成本+目标利润）/（单价-单位变动成本）
- 实现目标利润销售额
  - =（固定成本+目标利润）/边际贡献率
  - =实现目标利润销售量×单价

注意：目标利润销售量公式只能用于单种产品的目标利润管理；而目标利润销售额既可用于单种产品的目标利润管理，又可用于多种产品的目标利润管理

产品组合目标利润分析计算
- 实现目标利润销售额=（综合目标利润+固定成本）/（1-综合变动成本率）
- 实现目标利润率销售额=固定成本/（1-综合变动成本率-综合目标利润率）

企业预测的目标利润是税后利润时的计算
- 实现目标利润的销售量=[固定成本+税后目标利润/（1-所得税税率）+利息]/单位边际贡献
- 实现目标利润的销售额=[固定成本+税后目标利润/（1-所得税税率）+利息]/边际贡献率

实现目标利润的措施：通常情况下企业要实现目标利润，在其他因素不变时，销售数量或销售价格应当提高，而固定成本或单位变动成本则应下降

第二节 本量利分析与应用

第二节 本量利分析与应用

★敏感性分析

定义 研究本量利分析中影响利润的诸因素发生微小变化时，对利润的影响方向和程度

优缺点
- **优点** 简单易行，分析结果易于理解，能为企业的规划、控制和决策提供参考
- **缺点** 对决策模型和预测数据具有依赖性，决策模型的可靠程度和数据的合理性，会影响敏感性分析的可靠性

各因素对利润的影响程度
- **计算** 敏感系数＝利润变动百分比/因素变动百分比
- **区分** 按绝对值大小判断敏感性；敏感性的绝对值大于1为敏感因素，绝对值小于1为不敏感因素

目标利润要求变化时允许各因素的升降幅度 是各因素对利润影响程度分析的反向推算，在计算上表现为敏感系数的倒数

边际分析

定义 分析某可变因素的变动引起其他相关可变因素变动的程度的方法，以评价既定产品或项目的获利水平，判断盈亏平衡点，提示营运风险，支持营运决策

边际贡献分析

通过分析销售收入减去变动成本总额之后的差额，衡量产品为企业贡献利润的能力

- 边际贡献总额 ＝销售收入–变动成本总额
- ＝（单价–单位变动成本）×销售量
- 单位边际贡献 ＝单价–单位变动成本
- 边际贡献率 ＝边际贡献总额/销售收入×100% ＝单位边际贡献/单价×100%
- 变动成本率 ＝变动成本总额/销售收入×100% ＝单位变动成本/单价×100%
- ★关系 变动成本率+边际贡献率＝1

边际贡献首先用于补偿企业的固定成本，只有当边际贡献大于固定成本时才能为企业提供利润，否则企业将亏损

评价标准
- **单一成本决策**
  - 边际贡献总额>固定成本，利润>0，企业盈利
  - 边际贡献总额<固定成本，利润<0，企业亏损
  - 边际贡献总额=固定成本，利润=0，企业保本
- **多产品决策**
  - 综合边际贡献率＝1–综合变动成本率
  - 综合边际贡献率反映了多产品组合给企业作出贡献的能力，该指标通常是越大越好

安全边际分析

实际销售量（销售额）或预期销售量（销售额）超过盈亏平衡点销售量（销售额）的差额，体现企业营运的安全程度。它表明销售量、销售额下降多少，企业仍不至于亏损

安全边际＝实际销售量（销售额）或预期销售量（销售额）–盈亏平衡点的销售量（销售额）

安全边际率＝安全边际量（安全边际额）/实际销售量（销售额）或预期销售量（销售额）×100%

盈亏平衡作业率与安全边际率的关系
- 盈亏平衡作业率+安全边际率＝1
- 推导得出：销售利润率＝安全边际率×边际贡献率
- 要提高企业的销售利润率水平主要有两种途径：一是扩大现有销售水平，提高安全边际率；二是降低变动成本水平，提高边际贡献率

优缺点
- 可有效地分析业务量、变动成本和利润之间的关系，通过定量分析，直观地反映企业营运风险，促进提高企业营运效益
- 决策变量与相关结果之间关系较为复杂，所选取的变量直接影响边际分析的实际应用效果

应用

产品生产和定价策略 任何一个企业为了预测利润，从而把目标利润确定下来，首先要预测盈亏平衡点，超过盈亏平衡点再扩大销售量或增加销售额才谈得上利润，盈亏平衡分析在产品生产和定价策略中经常用到，例如计算盈亏平衡点业务量或者可接受最低售价等

生产工艺设备的选择 企业进行营运活动的最终目的是获取利润，企业管理者的各种经营决策也应围绕着这个目标，在分析时应考虑哪个方案能够为企业提供更多的边际贡献，能够在最大程度上弥补发生的固定成本，从而使企业获得更多利润

新产品投产的选择 因为新产品的投产将减少原有产品的产销量，所以原有产品因此而减少的边际贡献为投产新产品的机会成本，在决策时应予以考虑

第三节 标准成本控制与分析

标准成本

概念　在正常的生产技术水平和有效的经营管理条件下，企业经过努力应达到的产品成本水平

种类

- **理想标准成本**　在现有条件下所能达到的最优成本水平，即在生产过程无浪费、机器无故障、人员无闲置、产品无废品等假设条件下制定的成本标准
- **正常标准成本**　在正常情况下，企业经过努力可以达到的成本标准，这一标准考虑了生产过程中不可避免的损失、故障、偏差等
- ★通常来说，理想标准成本小于正常标准成本；正常标准成本在实践中得到广泛应用

标准成本法

概念　企业以预先制定的标准成本为基础，通过比较标准成本与实际成本，核算和分析成本差异、揭示成本差异动因、实施成本控制、评价成本管理业绩

目标　通过标准成本与实际成本的比较，揭示与分析标准成本与实际成本之间的差异，并按照例外管理的原则，对不利差异予以纠正，以提高工作效率，不断改善产品成本

流程　确定应用对象、制定标准成本、实施过程控制、成本差异计算与动因分析以及标准成本的修订与改进

优缺点

- **优点**
  - 及时反馈各成本项目不同性质的差异，有利于考核相关部门及人员的业绩
  - 标准成本的制定及其差异和动因的信息可以使企业预算编制更为科学和可行，有助于企业的经营决策
- **缺点**
  - 要求企业产品的成本标准比较准确、稳定，在使用条件上存在一定的局限性
  - 对标准管理要求较高，系统维护成本较高
  - 标准成本需要根据市场价格波动频繁更新，导致成本差异可能缺乏可靠性，降低成本控制效果

★标准成本的制定

产品的标准成本=直接材料标准成本+直接人工标准成本+制造费用标准成本

成本项目	用量标准	价格标准
直接材料	材料用量标准（单位产品的材料标准用量）	材料价格标准（材料的标准单价）
直接人工	工时用量标准（单位产品的标准工时）	标准工资率（小时标准工资率）
制造费用	工时用量标准（单位产品的标准工时）	标准制造费用分配律（小时标准制造费用分配率）

★成本差异的计算及分析

实际成本与相应标准成本之间的差额；当实际成本高于标准成本时，形成超支差异；当实际成本低于标准成本时，形成节约差异

通用公式

- **总差异**
  - =实际产量下实际成本-实际产量下标准成本
  - =用量差异+价格差异
- **用量差异**　=（实际用量-实际产量下标准用量）×标准价格
- **价格差异**　=（实际价格-标准价格）×实际用量

变动成本

项目	价格（混合差异）：$(P_实-P_标)×Q_实$	量差（纯差异）：$(Q_实-Q_标)×Q_标$
直接材料成本差异	直接材料价格差异=（实际单价-标准单价）×实际用量	直接材料数量差异=（实际用量-实际产量下标准用量）×标准单价
直接人工成本差异	直接人工工资率差异=（实际工资率-标准工资率）×实际工时	直接人工效率差异=（实际工时-实际产量下标准工时）×标准工资率
变动制造费用成本差异	变动制造费用耗费差异=（变动制造费用实际分配率-变动制造费用标准分配率）×实际工时	变动制造费用效率差异=（实际工时-实际产量下标准工时）×变动制造费用标准分配率

具体公式

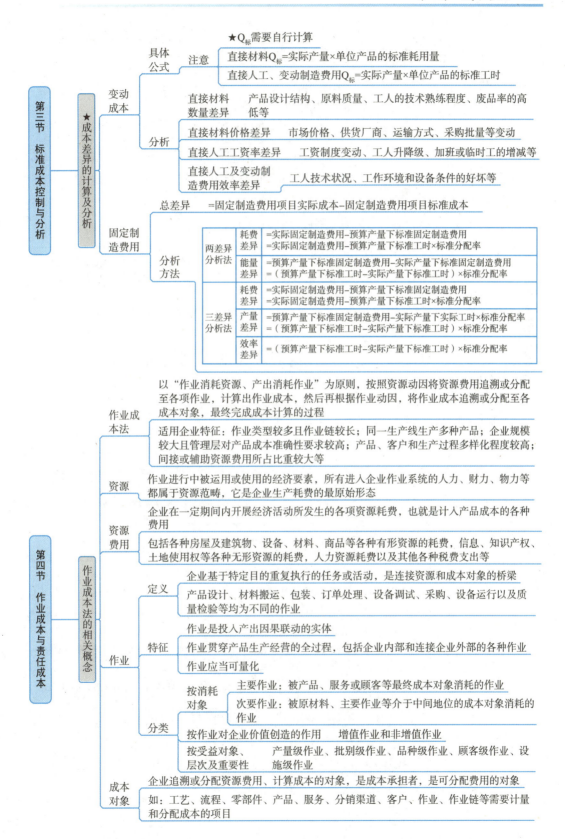

以"作业消耗资源、产出消耗作业"为原则，按照资源动因将资源费用追溯或分配至各项作业，计算出作业成本，然后再根据作业动因，将作业成本追溯或分配至各成本对象，最终完成成本计算的过程

适用企业特征：作业类型较多且作业链较长；同一生产线生产多种产品；企业规模较大且管理层对产品成本准确性要求较高；产品、客户和生产过程多样化程度较高；间接或辅助资源费用所占比重较大等

作业进行中被运用或使用的经济要素，所有进入企业作业系统的人力、财力、物力等都属于资源范畴，它是企业生产耗费的最原始形态

企业在一定期间内开展经济活动所发生的各项资源耗费，也就是计入产品成本的各种费用

包括各种房屋及建筑物、设备、材料、商品等各种有形资源的耗费，信息、知识产权、土地使用权等各种无形资源的耗费，人力资源耗费以及其他各种税费支出等

企业基于特定目的重复执行的任务或活动，是连接资源和成本对象的桥梁

产品设计、材料搬运、包装、订单处理、设备调试、采购、设备运行以及质量检验等均为不同的作业

作业是投入产出因果联动的实体

作业贯穿产品生产经营的全过程，包括企业内部和连接企业外部的各种作业

作业应当可量化

主要作业：被产品、服务或顾客等最终成本对象消耗的作业

次要作业：被原材料、主要作业等介于中间地位的成本对象消耗的作业

按作业对企业价值创造的作用　增值作业和非增值作业

产量级作业、批别级作业、品种级作业、顾客级作业、设施级作业

企业追溯或分配资源费用、计算成本的对象，是成本承担者，是可分配费用的对象

如：工艺、流程、零部件、产品、服务、分销渠道、客户、作业、作业链等需要计量和分配成本的项目

第四节 作业成本与责任成本

作业成本法的相关概念

成本动因

定义：也称成本驱动因素，导致成本发生的原因，是成本对象与其直接关联的作业和最终关联的资源之间的中介

分类

资源动因：引起作业成本变动的驱动因素，反映作业量与耗费之间的因果关系；资源动因被用来计量各项作业对资源的耗用，根据资源动因可以将资源成本分配给各有关作业

作业动因：引起产品成本变动的驱动因素，反映产品产量与作业成本之间的因果关系；作业动因计量各种产品对作业耗用的情况，并被用来作为作业成本的分配基础，是沟通资源消耗与最终产出的中介

作业中心：又称成本库，是构成一个业务过程的相互联系的作业集合，用来汇集业务过程及其产出的成本

作业成本法应用目标

通过追踪所有资源费用到作业，然后再到流程、产品、分销渠道或客户等成本对象，提供全口径、多维度的更加准确的成本信息

通过作业认定、成本动因分析及对作业效率、质量和时间的计量，更真实地揭示资源、作业和成本间的联动关系，为资源的合理配置以及作业、流程和作业链（或价值链）的持续优化提供依据

通过作业成本法提供的信息及其分析，为企业更有效地开展规划、决策、控制、评价等各种管理活动奠定坚实基础

资源识别及资源费用的确认与计量

识别出由企业拥有或控制的所有资源，遵循相关会计制度的规定，合理选择会计政策，确认和计量全部资源费用，编制资源费用清单，为资源费用的追溯或分配奠定基础

由企业的财务部门负责，在基础设施管理、人力资源管理、研究与开发、采购、生产、技术、营销、服务、信息等部门的配合下完成

资源费用清单一般应分部门列示当期发生的所有资源费用，其内容要素一般包括发生部门、费用性质、所属类别、受益对象等

成本对象选择

企业应将当期所有的资源费用，遵循因果关系和受益原则，根据资源动因和作业动因，分项目经由作业追溯或分配至相关的成本对象，确定成本对象的成本

企业应根据财务会计制度的相关规定并考虑预算控制、成本管理、营运管理、业绩评价以及经济决策等方面的要求确定成本对象

作业认定

含义：企业识别由间接或辅助资源执行的作业集，确认每一项作业完成的工作以及执行该作业所耗费的资源费用，并据以编制作业清单的过程

内容：主要包括对企业每项消耗资源的作业进行识别、定义和划分，确定每项作业在生产经营活动中的作用、同其他作业的区别以及每项作业与耗用资源之间的关系

形式

根据企业生产流程，自上而下进行分解

通过与企业每一部门负责人和一般员工进行交流，自下而上确定他们所做的工作，并逐一认定各项作业

方法

调查表法：通过向企业全体员工发放调查表，并通过分析调查表来识别和确定作业

座谈法：通过与企业员工的面对面交谈，来识别和确定作业

企业对认定的作业应做分析和归类，按顺序列出作业清单或编制出作业字典；作业清单或作业字典一般应当包括作业名称、作业内容、作业类别、所属作业中心等内容

第四节 作业成本与责任成本

作业成本法应用目标

作业中心设计

企业将认定的所有作业按照一定的标准进行分类，形成不同的作业中心，作为资源费用的追溯或分配的对象

作业中心可以是某一项具体的作业，也可以是由若干个相互联系的能够实现某种特定功能的作业的集合

作业中心分类

产量级作业：明确地为个别产品（或服务）实施的、使单个产品（或服务）受益的作业；该类作业的数量与产品（或服务）的数量呈正比例变动；包括产品加工、检验等

批别级作业：为一组（或一批）产品（或服务）实施的、使该组（该批）产品（或服务）受益的作业；该类作业的发生是由生产的批量数而不是单个产品（或服务）引起的，其数量与产品（或服务）的批量数呈正比例变动；包括设备调试、生产准备等

品种级作业：为生产和销售某种产品（或服务）实施、使该种产品（或服务）的每个单位都受益的作业；该类作业用于产品（或服务）的生产或销售，但独立于实际产量或批量，其数量与品种的多少呈正比例变动；包括新产品设计、现有产品质量与功能改进、生产流程监控、工艺变换需要的流程设计、产品广告等

顾客级作业：为服务特定客户实施的作业；该类作业保证企业将产品（或服务）销售给个别客户，但作业本身与产品（或服务）数量独立；包括向个别客户提供的技术支持活动、咨询活动、独特包装等

设施级作业：为提供生产产品（或服务）的基本能力而实施的作业；该类作业是开展业务的基本条件，其使所有产品（或服务）都受益，但与产量或销量无关；包括管理作业、针对企业整体的广告活动等

资源动因选择与计量

资源动因是引起资源耗用的成本动因，它反映了资源耗用与作业量之间的因果关系

企业一般应选择那些与资源费用总额呈正比例关系变动的资源动因作为资源费用分配的依据

步骤：（1）企业应根据不同的资源，选择合适的资源动因；（2）根据各项作业所消耗的资源动因数，将各资源库的价值分配到各作业中心；（3）该项作业还会消耗其他资源，将该作业所消耗的所有资源的价值，按照相应的资源动因，分别分配到该作业中心，汇总后就会得到该作业的作业成本

作业成本归集

定义
企业根据资源耗用与作业之间的因果关系，将所有的资源成本直接追溯或按资源动因分配至各作业中心，计算各作业总成本

原则
为执行某种作业直接消耗的资源，应直接追溯至该作业中心

为执行两种或两种以上作业共同消耗的资源，应按照各种作业中心的资源动因量比例分配至各作业中心

作业动因选择与计量

定义
引起作业耗用的成本动因，它反映了作业耗用与最终产出的因果关系，是将作业成本分配到流程、产品、分销渠道、客户等成本对象的依据

选择原则
当作业中心仅包含一种作业的情况下，所选择的作业动因应该是引起该作业耗用的成本动因

当作业中心由若干个作业集合而成的情况下，企业可采用回归分析法或分析判断法，选择相关性最大的作业动因，即代表性作业动因，作为作业成本分配的基础

分类

交易动因
用执行频率或次数计量的成本动因
包括接受或发出订单数、处理收据数等
适用情况：企业每次执行所需要的资源数量相同或接近

持续时间动因
用执行时间计量的成本动因
包括产品安装时间、检查小时等
适用情况：每次执行所需要的时间存在显著的不同

强度动因
不易按照频率、次数或执行时间进行分配而需要直接衡量每次执行所需资源的成本动因
包括特别复杂产品的安装、质量检验等
适用情况：作业的执行比较特殊或复杂

第四节 作业成本与责任成本

- 作业成本法应用目标
  - 作业成本分配
    - 定义：企业将各作业中心的作业成本按作业动因分配至产品等成本对象，并结合直接追溯的资源费用，计算出各成本对象的总成本和单位成本
    - 第一步：分配次要作业成本至主要作业，计算主要作业的总成本和单位成本
      - 公式
        - 次要作业成本分配率=次要作业总成本÷该作业动因总量
        - 某主要作业分配的次要作业成本=该主要作业耗用的次要作业动因量×该次要作业成本分配率
        - 主要作业总成本=直接追溯至该作业的资源费用+分配至该主要作业的次要作业成本之和
        - 主要作业单位成本=主要作业总成本÷该主要作业动因总量
    - 第二步：分配主要作业成本至成本对象，计算各成本对象的总成本和单位成本
      - 公式
        - 某成本对象分配的主要作业成本=该成本对象耗用的主要作业成本动因量×主要作业单位成本
        - 某成本对象总成本=直接追溯至该成本对象的资源费用+分配至该成本对象的主要作业成本之和
        - 某成本对象单位成本=该成本对象总成本÷该成本对象的产出量
  - 作业成本信息报告
    - 目的：通过设计、编制和报送具有特定内容和格式要求的作业成本报表，向企业内部各有关部门和人员提供其所需要的作业成本及其他相关信息
    - 内容
      - 企业拥有的资源及其分布以及当期发生的资源费用总额及其具体构成的信息
      - 每一成本对象总成本、单位成本及其消耗的作业类型、数量及单位作业成本的信息，以及产品盈利性分析的信息
      - 每一作业或作业中心的资源消耗及其数量、成本以及作业总成本与单位成本的信息
      - 与资源成本分配所依据的资源动因以及作业成本分配所依据的作业动因相关的信息
      - 资源费用、作业成本以及成本对象成本预算完成情况及其原因分析的信息
      - 有助于作业、流程、作业链（或价值链）持续优化的作业效率、时间和质量等方面非财务信息
      - 有助于促进客户价值创造的有关增值作业与非增值作业的成本信息及其他信息
      - 有助于业绩评价与考核的作业成本信息及其他相关信息
      - 上述各类信息的历史或同行业比较信息
- 作业成本法优缺点
  - 优点
    - 能够提供更加准确的各维度成本信息，有助于企业提高产品定价、作业与流程改进、客户服务等决策的准确性
    - 改善和强化成本控制，促进绩效管理的改进和完善
    - 推进作业基础预算，提高作业、流程、作业链（或价值链）管理的能力
  - 缺点
    - 部分作业的识别、划分、合并与认定，成本动因的选择以及成本动因计量方法的选择等均存在较大的主观性，操作较为复杂，开发和维护费用较高
- 作业成本管理
  - 基于作业成本法，以提高客户价值、增加企业利润为目的的一种新型管理方法
  - 两个维度
    - 成本分配观：成本对象引起作业需求，而作业需求又引起资源的需求；因此，成本分配是从资源到作业，再从作业到成本对象，这一流程正是作业成本计算的核心
    - 流程观：为企业提供引起作业的原因（成本动因）及作业完成情况（业绩计量）的信息；包括成本动因分析、作业分析和业绩考核三个部分

成本动因分析　　找出导致作业成本发生的动因

主要目标是认识企业的作业过程，以便从中发现持续改善的机会及途径

项目	增值作业	非增值作业
含义	顾客认为可以增加其购买的产品或服务的有用性，有必要保留在企业中的作业	即便消除也不会影响产品对顾客服务的潜能，不必要的或可消除的作业
判定条件	必须同时满足下列三个条件：（1）该作业导致了状态的改变（2）该状态的变化不能由其他作业来完成（3）该作业使其他作业得以进行	如果一项作业不能同时满足增值作业的三个条件，就可断定其为非增值作业
举例	产品设计、生产加工、组装等	检验作业（不能改变其形态）；次品返工作业（重复作业）；将原材料从集中保管的仓库搬运到生产部门，将某部门生产的零件搬运到下一个生产部门（改变供货方式、改变生产布局就能消除）

第四节 作业成本与责任成本

作业成本管理

流程价值分析

作业分析

成本节约途径
- 作业消除：消除非增值作业，降低非增值成本
- 作业选择：对所有能够达到同样目的的不同作业，选取其中最佳的方案
- 作业减少：以不断改进的方式降低作业消耗的资源或时间
- 作业共享：利用规模经济来提高增值作业的效率

作业业绩考核
- 财务指标：主要集中在增值成本和非增值成本上，可以提供增值与非增值报告，以及作业成本趋势报告
- 非财务指标：主要体现在效率、质量和时间三个方面，如投入产出比、次品率和生产周期等

责任成本管理的含义

将企业内部划分成不同的责任中心，明确责任成本，并根据各责任中心的权、责、利关系来考核其工作业绩的一种成本管理模式

责任中心也叫责任单位，是指企业内部具有一定权力并承担相应工作责任的部门或管理层次

★责任中心及其考核

定义

企业内部独立提供产品（或服务）、资金等的责任主体。按照企业内部责任中心的权责范围以及业务活动的不同特点，责任中心一般可以划分为成本中心、利润中心和投资中心三类

成本中心

定义
有权发生并控制成本的单位。成本中心一般不会产生收入，通常只计量考核发生的成本

特点
- 不考核收入，只考核成本
- 只对可控成本负责，不负责不可控成本。可控成本是指成本中心可以控制的各种耗费，它应具备三个条件：（1）该成本的发生是成本中心可以预见的；（2）该成本是成本中心可以计量的；（3）该成本是成本中心可以调节和控制的
- 责任成本是成本中心考核和控制的主要内容

考核指标
- 预算成本节约额=实际产量预算责任成本-实际责任成本
- 预算成本节约率=预算成本节约额÷实际产量预算责任成本×100%

利润中心

定义
既能控制成本，又能控制收入和利润的责任单位

形式
- 自然利润中心：自然形成的，直接对外提供劳务或销售产品以取得收入
- 人为利润中心：人为设定的，通过企业内部各责任中心之间使用内部结算价格结算半成品内部销售收入

第四节 作业成本与责任成本 — ★责任中心及其考核

利润中心

考核指标

边际贡献
- =销售收入总额−变动成本总额
- 反映该利润中心的盈利能力，但对业绩评价没有太大的作用

可控边际贡献
- =边际贡献−该中心负责人可控固定成本
- 也称部门经理边际贡献
- 衡量了部门经理有效运用其控制下的资源的能力，是评价利润中心管理者业绩的理想指标
- 忽略了应追溯但又不可控的生产能力成本，不能全面反映该利润中心对整个公司所做的经济贡献

部门边际贡献
- =可控边际贡献−该中心负责人不可控固定成本
- 也称部门毛利
- 扣除了利润中心管理者不可控的间接成本，因为对于公司最高层来说，所有成本都是可控的
- 反映了部门为企业利润和弥补与生产能力有关的成本所做的贡献，它更多地用于评价部门业绩而非利润中心管理者的业绩

投资中心

定义
- 既能控制成本、收入和利润，又能对投入资金进行控制的责任中心，如事业部、子公司等
- 利润中心和投资中心的区别在于，利润中心没有投资决策权，而且在考核利润时也不考虑所占用的资产

考核指标

投资收益率
- 投资收益率=息税前利润÷平均经营资产
- 平均经营资产=（期初经营资产+期末经营资产）÷2
- 优点：（1）根据现有的会计资料计算，比较客观，可用于部门之间，以及不同行业之间的比较；（2）促使经理人员关注经营资产运用效率；（3）有利于资产存量的调整，优化资源配置
- 缺点：过于关注投资利润率也会引起短期行为的产生，追求局部利益最大化而损害整体利益最大化目标，导致经理人员为眼前利益而牺牲长远利益

剩余收益
- 剩余收益=息税前利润−平均经营资产×最低投资收益率
- 优点：弥补了投资收益率指标会使局部利益与整体利益相冲突这一不足之处
- 缺点：（1）由于是一个绝对指标，故难以在不同规模的投资中心之间进行业绩比较；（2）同样仅反映当期业绩，单纯使用这一指标也会导致投资中心管理者的短视行为

对比

责任中心	应用范围	权利	考核范围	考核办法	组织形式	考核指标
成本中心	最广	最小	可控的成本、费用	可以货币形式计量投入、不以货币形式计量产出	一般不是法人	预算成本节约额、预算成本节约率
利润中心	较窄	较高	成本（费用）、收入、利润	不进行投入、产出的比较	一般不是法人	边际贡献、可控边际贡献、部门边际贡献
投资中心	最小	最高	成本（费用）、收入、利润、投资效率	进行投入、产出的比较	一般是法人	投资收益率、剩余收益

第四节 作业成本与责任成本 — 内部转移价格的制定

- 定义：指企业内部分公司、分厂、车间、分部等责任中心之间相互提供产品（或服务）、资金等内部交易时所采用的计价标准
- 目标：界定各责任中心的经济责任，计量其绩效，为实施激励提供可靠依据
- 作用：
  - 有效地防止成本转移引起的责任中心之间的责任转嫁，使每个责任中心都能够作为单独的组织单位进行业绩评价
  - 作为一种价格信号引导下级采取正确决策，保证局部利益与整体利益的一致
- 原则：
  - 合规性原则：其制定、执行及调整应符合相关会计、财务、税收等法律法规的规定
  - 效益性原则：
    - 应以企业整体利益最大化为目标，避免为追求局部最优而损害企业整体利益的情况
    - 应兼顾各责任中心及员工利益，充分调动各方积极性
  - 适应性原则：应当与企业所处行业特征、企业战略、业务流程、产品（或服务）特点、业绩评价体系等相适应，使企业能够统筹各责任中心利益，对内部转移价格达成共识
- 分类：
  - 价格型内部转移定价：
    - 以市场价格为基础制定的、由成本和毛利构成内部转移价格
    - 适用于内部利润中心
    - 一般不对外销售且外部市场没有可靠报价的产品（或服务），或企业管理层和有关各方认为不需要频繁变动价格的，可以参照外部市场价或预测价制定模拟市场价作为内部转移价格；没有外部市场但企业出于管理需要设置为模拟利润中心的责任中心，可以在生产成本基础上加一定比例毛利作为内部转移价格
  - 成本型内部转移定价：
    - 以标准成本等相对稳定的成本数据为基础，制定内部转移价格
    - 适用于内部成本中心
    - 采用以成本为基础的转移定价是指所有的内部交易均以某种形式的成本价格进行结算，它适用于内部转移的产品或劳务没有市价的情况，包括完全成本、完全成本加成、变动成本以及变动成本加固定制造费用四种形式
  - 协商型内部转移定价：
    - 企业内部供求双方为使双方利益相对均衡，通过协商机制制定内部转移价格
    - 适用于分权程度较高的情形
    - 协商价取值范围通常较宽，一般不高于市场价，不低于变动成本

第九章　收入与分配管理

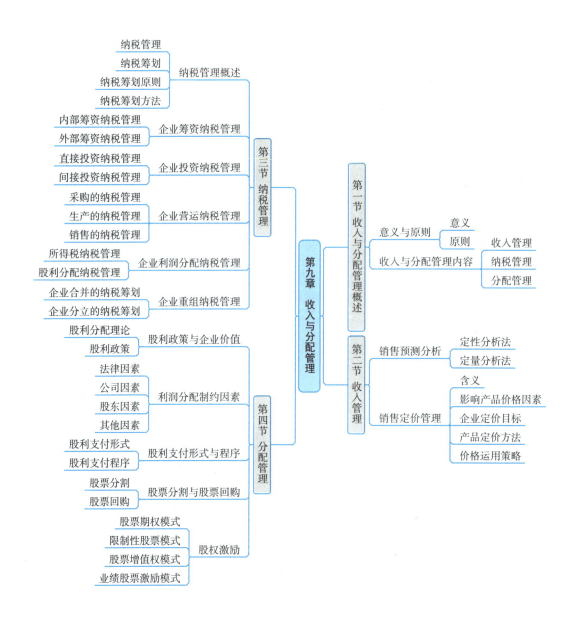

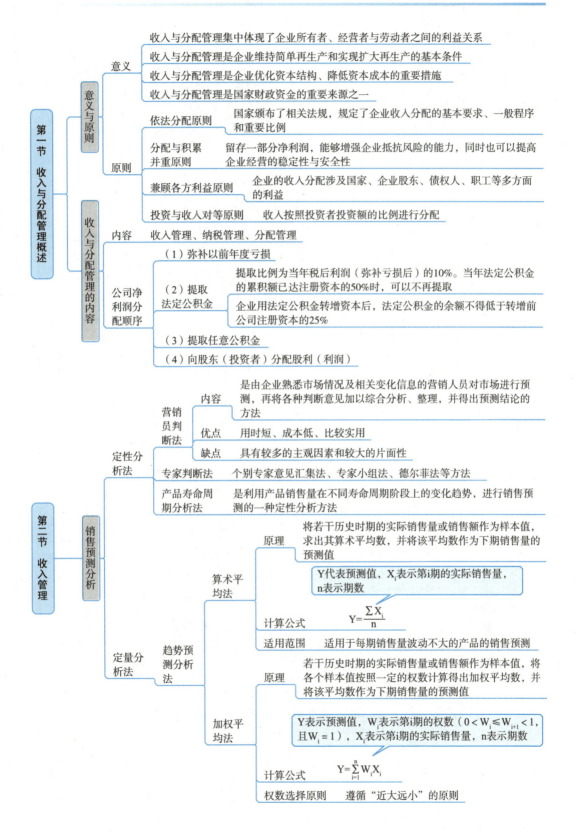

第一节 收入与分配管理概述

意义与原则

意义
- 收入与分配管理集中体现了企业所有者、经营者与劳动者之间的利益关系
- 收入与分配管理是企业维持简单再生产和实现扩大再生产的基本条件
- 收入与分配管理是企业优化资本结构、降低资本成本的重要措施
- 收入与分配管理是国家财政资金的重要来源之一

原则
- 依法分配原则　国家颁布了相关法规，规定了企业收入分配的基本要求、一般程序和重要比例
- 分配与积累并重原则　留存一部分净利润，能够增强企业抵抗风险的能力，同时也可以提高企业经营的稳定性与安全性
- 兼顾各方利益原则　企业的收入分配涉及国家、企业股东、债权人、职工等多方面的利益
- 投资与收入对等原则　收入按照投资者投资额的比例进行分配

收入与分配管理的内容

内容　收入管理、纳税管理、分配管理

公司净利润分配顺序
- （1）弥补以前年度亏损
- （2）提取法定公积金　提取比例为当年税后利润（弥补亏损后）的10%。当年法定公积金的累积额已达注册资本的50%时，可以不再提取
  企业用法定公积金转增资本后，法定公积金的余额不得低于转增前公司注册资本的25%
- （3）提取任意公积金
- （4）向股东（投资者）分配股利（利润）

第二节 收入管理

销售预测分析

定性分析法

营销员判断法
- 内容　是由企业熟悉市场情况及相关变化信息的营销人员对市场进行预测，再将各种判断意见加以综合分析、整理，并得出预测结论的方法
- 优点　用时短、成本低、比较实用
- 缺点　具有较多的主观因素和较大的片面性

专家判断法　个别专家意见汇集法、专家小组法、德尔菲法等方法

产品寿命周期分析法　是利用产品销售量在不同寿命周期阶段上的变化趋势，进行销售预测的一种定性分析方法

定量分析法

趋势预测分析法

算术平均法
- 原理　将若干历史时期的实际销售量或销售额作为样本值，求出其算术平均数，并将该平均数作为下期销售量的预测值
- Y代表预测值，X_i表示第i期的实际销售量，n表示期数
- 计算公式　$Y = \dfrac{\sum X_i}{n}$
- 适用范围　适用于每期销售量波动不大的产品的销售预测

加权平均法
- 原理　若干历史时期的实际销售量或销售额作为样本值，将各个样本值按照一定的权数计算得出加权平均数，并将该平均数作为下期销售量的预测值
- Y表示预测值，W_i表示第i期的权数（$0 < W_i \leqslant W_{i+1} < 1$，且$W_i = 1$），$X_i$表示第i期的实际销售量，n表示期数
- 计算公式　$Y = \sum\limits_{i=1}^{n} W_i X_i$
- 权数选择原则　遵循"近大远小"的原则

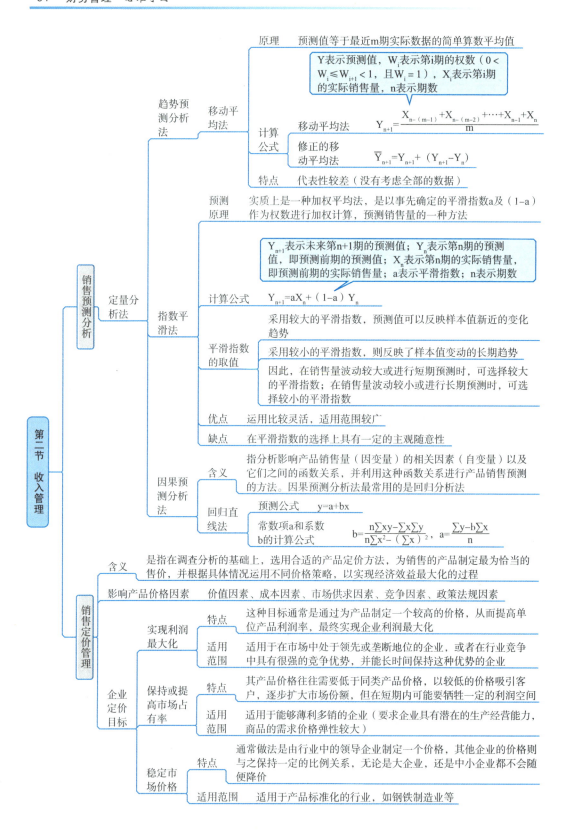

原理　预测值等于最近m期实际数据的简单算数平均值

Y表示预测值，W_i表示第i期的权数（$0 < W_i \leqslant W_{i+1} < 1$，且$W_i = 1$），$X_i$表示第i期的实际销售量，n表示期数

移动平均法
$$Y_{n+1} = \frac{X_{n-(m-1)} + X_{n-(m-2)} + \cdots + X_{n-1} + X_n}{m}$$

修正的移动平均法
$$\overline{Y}_{n+1} = Y_{n+1} + (Y_{n+1} - Y_n)$$

特点　代表性较差（没有考虑全部的数据）

趋势预测分析法 — 移动平均法 — 计算公式

预测原理　实质上是一种加权平均法，是以事先确定的平滑指数a及（1-a）作为权数进行加权计算，预测销售量的一种方法

Y_{n+1}表示未来第n+1期的预测值；Y_n表示第n期的预测值，即预测前期的预测值；X_n表示第n期的实际销售量，即预测前期的实际销售量；a表示平滑指数；n表示期数

计算公式　$Y_{n+1} = aX_n + (1-a)Y_n$

采用较大的平滑指数，预测值可以反映样本值新近的变化趋势

采用较小的平滑指数，则反映了样本值变动的长期趋势

因此，在销售量波动较大或进行短期预测时，可选择较大的平滑指数；在销售量波动较小或进行长期预测时，可选择较小的平滑指数

指数平滑法 — 平滑指数的取值

优点　运用比较灵活，适用范围较广

缺点　在平滑指数的选择上具有一定的主观随意性

含义　指分析影响产品销售量（因变量）的相关因素（自变量）以及它们之间的函数关系，并利用这种函数关系进行产品销售预测的方法。因果预测分析法最常用的是回归分析法

因果预测分析法 — 回归直线法

预测公式　y=a+bx

常数项a和系数b的计算公式　$b = \frac{n\sum xy - \sum x\sum y}{n\sum x^2 - (\sum x)^2}$，$a = \frac{\sum y - b\sum x}{n}$

定量分析法 — 销售预测分析

含义　是指在调查分析的基础上，选用合适的产品定价方法，为销售的产品制定最为恰当的售价，并根据具体情况运用不同价格策略，以实现经济效益最大化的过程

影响产品价格因素　价值因素、成本因素、市场供求因素、竞争因素、政策法规因素

实现利润最大化 — 特点　这种目标通常是通过为产品制定一个较高的价格，从而提高单位产品利润率，最终实现企业利润最大化

实现利润最大化 — 适用范围　适用于在市场中处于领先或垄断地位的企业，或者在行业竞争中具有很强的竞争优势，并能长时间保持这种优势的企业

保持或提高市场占有率 — 特点　其产品价格往往需要低于同类产品价格，以较低的价格吸引客户，逐步扩大市场份额，但在短期内可能要牺牲一定的利润空间

保持或提高市场占有率 — 适用范围　适用于能够薄利多销的企业（要求企业具有潜在的生产经营能力，商品的需求价格弹性较大）

稳定市场价格 — 特点　通常做法是由行业中的领导企业制定一个价格，其他企业的价格则与之保持一定的比例关系，无论是大企业，还是中小企业都不会随便降价

稳定市场价格 — 适用范围　适用于产品标准化的行业，如钢铁制造业等

企业定价目标

销售定价管理

第二节　收入管理

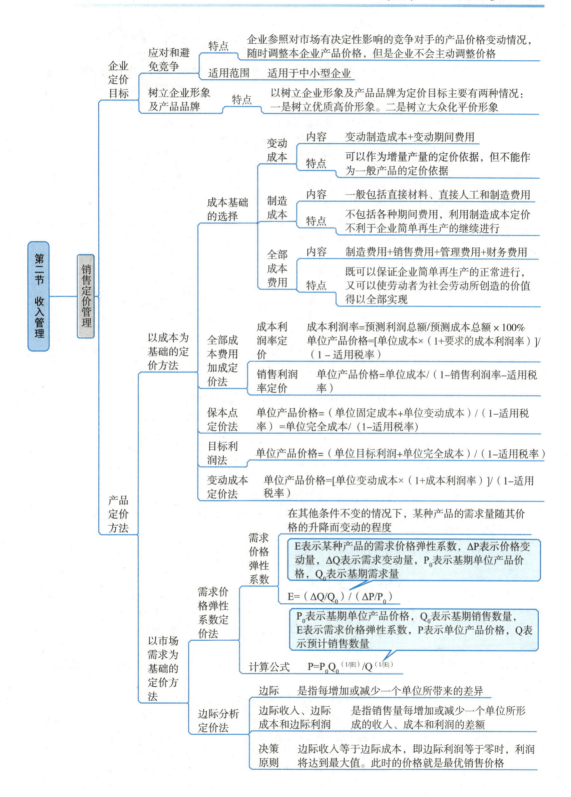

第二节 收入管理

销售定价管理

企业定价目标

应对和避免竞争

特点 企业参照对市场有决定性影响的竞争对手的产品价格变动情况，随时调整本企业产品价格，但是企业不会主动调整价格

适用范围 适用于中小型企业

树立企业形象及产品品牌

特点 以树立企业形象及产品品牌为定价目标主要有两种情况：一是树立优质高价形象。二是树立大众化平价形象

产品定价方法

以成本为基础的定价方法

成本基础的选择

变动成本
内容 变动制造成本+变动期间费用
特点 可以作为增量产量的定价依据，但不能作为一般产品的定价依据

制造成本
内容 一般包括直接材料、直接人工和制造费用
特点 不包括各种期间费用，利用制造成本定价不利于企业简单再生产的继续进行

全部成本费用
内容 制造费用+销售费用+管理费用+财务费用
特点 既可以保证企业简单再生产的正常进行，又可以使劳动者为社会劳动所创造的价值得以全部实现

全部成本费用加成定价法

成本利润率定价 成本利润率=预测利润总额/预测成本总额×100%
单位产品价格=[单位成本×（1+要求的成本利润率）]/（1－适用税率）

销售利润率定价 单位产品价格=单位成本/（1－销售利润率－适用税率）

保本点定价法 单位产品价格=（单位固定成本+单位变动成本）/（1－适用税率）=单位完全成本/（1－适用税率）

目标利润法 单位产品价格=（单位目标利润+单位完全成本）/（1－适用税率）

变动成本定价法 单位产品价格=[单位变动成本×（1+成本利润率）]/（1－适用税率）

以市场需求为基础的定价方法

需求价格弹性系数定价法

需求价格弹性系数 在其他条件不变的情况下，某种产品的需求量随其价格的升降而变动的程度

E表示某种产品的需求价格弹性系数，ΔP表示价格变动量，ΔQ表示需求变动量，P_0表示基期单位产品价格，Q_0表示基期需求量

$E=(\Delta Q/Q_0)/(\Delta P/P_0)$

P_0表示基期单位产品价格，Q_0表示基期销售数量，E表示需求价格弹性系数，P表示单位产品价格，Q表示预计销售数量

计算公式 $P=P_0 Q_0^{(1/E)}/Q^{(1/E)}$

边际分析定价法

边际 是指每增加或减少一个单位所带来的差异

边际收入、边际成本和边际利润 是指销售量每增加或减少一个单位所形成的收入、成本和利润的差额

决策原则 边际收入等于边际成本，即边际利润等于零时，利润将达到最大值。此时的价格就是最优销售价格

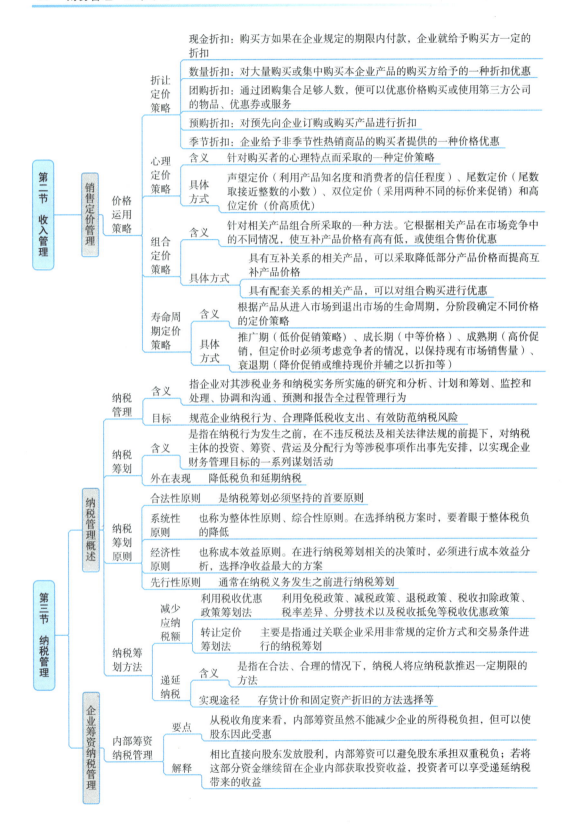

现金折扣：购买方如果在企业规定的期限内付款，企业就给予购买方一定的折扣

数量折扣：对大量购买或集中购买本企业产品的购买方给予的一种折扣优惠

团购折扣：通过团购集合足够人数，便可以优惠价格购买或使用第三方公司的物品、优惠券或服务

预购折扣：对预先向企业订购或购买产品进行折扣

季节折扣：企业给予非季节性热销商品的购买者提供的一种价格优惠

折让定价策略

心理定价策略
含义：针对购买者的心理特点而采取的一种定价策略
具体方式：声望定价（利用产品知名度和消费者的信任程度）、尾数定价（尾数取接近整数的小数）、双位定价（采用两种不同的标价来促销）和高位定价（价高质优）

组合定价策略
含义：针对相关产品组合所采取的一种方法。它根据相关产品在市场竞争中的不同情况，使互补产品价格有高有低，或使组合售价优惠
具体方式：具有互补关系的相关产品，可以采取降低部分产品价格而提高互补产品价格
具有配套关系的相关产品，可以对组合购买进行优惠

寿命周期定价策略
含义：根据产品从进入市场到退出市场的生命周期，分阶段确定不同价格的定价策略
具体方式：推广期（低价促销策略）、成长期（中等价格）、成熟期（高价促销，但定价时必须考虑竞争者的情况，以保持现有市场销售量）、衰退期（降价促销或维持现价并辅之以折扣等）

第二节　收入管理 — 销售定价管理 — 价格运用策略

纳税管理
含义：指企业对其涉税业务和纳税实务所实施的研究和分析、计划和筹划、监控和处理、协调和沟通、预测和报告全过程管理行为
目标：规范企业纳税行为、合理降低税收支出、有效防范纳税风险

纳税筹划
含义：是指在纳税行为发生之前，在不违反税法及相关法律法规的前提下，对纳税主体的投资、筹资、营运及分配行为等涉税事项作出事先安排，以实现企业财务管理目标的一系列谋划活动
外在表现：降低税负和延期纳税

纳税筹划原则
合法性原则：是纳税筹划必须坚持的首要原则
系统性原则：也称为整体性原则、综合性原则。在选择纳税方案时，要着眼于整体税负的降低
经济性原则：也称成本效益原则。在进行纳税筹划相关的决策时，必须进行成本效益分析，选择净收益最大的方案
先行性原则：通常在纳税义务发生之前进行纳税筹划

纳税筹划方法
减少应纳税额
利用税收优惠政策筹划法：利用免税政策、减税政策、退税政策、税收扣除政策、税率差异、分劈技术以及税收抵免等税收优惠政策
转让定价筹划法：主要是指通过关联企业采用非常规的定价方式和交易条件进行的纳税筹划
递延纳税
含义：是指在合法、合理的情况下，纳税人将应纳税款推迟一定期限的方法
实现途径：存货计价和固定资产折旧的方法选择等

内部筹资纳税管理
要点：从税收角度来看，内部筹资虽然不能减少企业的所得税负担，但可以使股东因此受惠
解释：相比直接向股东发放股利，内部筹资可以避免股东承担双重税负；若将这部分资金继续留在企业内部获取投资收益，投资者可以享受递延纳税带来的收益

第三节　纳税管理 — 纳税管理概述 · 企业筹资纳税管理

			要点	利用债务筹资，利息税前扣除，可以抵税，所以企业采用债务筹资可以获得节税效应；利用股权筹资，股利用税后利润支付，不能获得节税效应
		外部筹资纳税管理	解释	纳税筹划的最终目的是企业财务管理目标的实现而非税负最小化。出于财务管理目标的考虑，在采用债务筹资方式筹集资金时，不仅要将资本结构控制在相对安全的范围内，还要确保总资产收益率（息税前）大于债务利息率

企业筹资纳税管理

第三节 纳税管理

企业投资纳税管理

直接投资纳税管理

直接对外投资纳税管理

投资组织形式的纳税筹划

公司制企业与合伙制企业的选择：公司制企业股东面临着双重税收问题。而合伙制企业不缴纳企业所得税，只课征各个合伙人分得收益的个人所得税

子公司与分公司的选择：子公司需要独立申报企业所得税，分公司的企业所得税由总公司汇总计算并缴纳

投资行业的纳税筹划 应尽可能选择税收负担较轻的行业

投资地区的纳税筹划 企业在选择注册地点时，应考虑不同地区的税收优惠政策

投资收益取得方式的纳税筹划 在选择回报方式时，投资企业可以利用其在被投资企业中的地位，使被投资企业进行现金股利分配，这样可以减少投资企业取得投资收益的所得税税务负担。而企业卖出股份所取得的投资收益则需要缴纳企业所得税

直接对内投资纳税管理

固定资产投资 税法对固定资产的涉税事项处理均有详细的规定，在投资环节的纳税筹划较少

无形资产投资 企业在具备相应的技术和资金实力时，应该进行自主研发，从而享受加计扣除优惠

间接投资纳税管理 与直接投资相比，间接投资考虑的税收因素较少，但也有纳税筹划的空间

企业营运纳税管理

采购的纳税管理

增值税纳税人的纳税筹划

X为增值率，S为不含税销售额，P为不含税购进额，a为一般纳税人适用的增值税税率

一般纳税人应纳增值税=S×a−P×a=S×X×a

b为小规模纳税人的征收率

小规模纳税人应纳增值税=S×b

选择供货单位的纳税筹划 一般纳税人从一般纳税人处采购的货物，增值税进项税额可以抵扣

一般纳税人从小规模纳税人处采购的货物，增值税不能抵扣（由税务机关代开的除外）

结算方式的纳税筹划 结算方式包括赊购、现金、预付等。在价格无明显差异的情况下，尽可能采用赊购方式

生产的纳税管理

存货计价的纳税筹划 盈利企业和处于非税收优惠的企业：选择使本期存货成本最大化的计价方法

亏损企业和享受税收优惠的企业：选择使本期存货成本最小化的计价方法

固定资产的纳税筹划 盈利企业和处于非税收优惠的企业：新增固定资产入账时，其账面价值应尽可能低，尽可能在当期扣除相关费用，在征得税务机关同意情况下，尽量缩短折旧年限或采用加速折旧法

亏损企业和享受税收优惠的企业：尽量在税收优惠期间和亏损期间少提折旧，以达到抵税收益最大化

期间费用的纳税筹划 有些扣除项目还有限额规定。例如，企业发生的招待费支出，按照发生额的60%扣除，但最高不得超过当年销售收入的5‰

第三节　纳税管理

企业营运纳税管理

销售的纳税管理

结算方式的纳税筹划：是指在税法允许的范围内，尽量采取有利于本企业的结算方式，以推迟纳税时间，获得纳税期的递延

促销方式的纳税筹划
- 销售折扣：不能减少增值税纳税义务
- 折扣销售：可以减少企业的销项税额（如果销售额和折扣额在同一张发票上注明，可以以销售额扣除折扣额后的余额作为计税金额）
- 实物折扣：不能从货物销售额中减除，需要按"赠送他人"计征增值税
- 以旧换新：一般应按新货物的同期销售价格确定销售额，不得扣减旧货物的收购价格

企业利润分配纳税管理

所得税纳税管理

税法规定，纳税人发生年度亏损，可以用下一纳税年度的所得弥补；下一年度的所得不足以弥补的，可以逐年延续弥补，但延续弥补期最长不得超过5年。但对于高新技术企业和科技型中小企业，自2018年1月1日起，亏损结转年限由5年延长至10年

股利分配纳税管理

基于自然人股东的纳税筹划
- 现金股利和股票股利收益：20%（1个月以内）、10%（1个月~1年）、免征个人所得税（超过1年）
- 买卖股票获得资本利得收益：免征个人所得税（需承担成交金额的1‰的印花税）

基于法人股东的纳税筹划
- 从居民企业取得的股息等权益性收益：免税
- 通过股权转让等方式取得的投资收益：缴纳企业所得税

企业重组纳税管理

企业重组：使企业法律结构或经济结构发生重大改变的交易，包括企业法律形式改变、债务重组、股权收购、资产收购、合并和分立等，这些交易可以统称为企业重组

企业重组的纳税管理可以从两方面入手
- （1）通过重组事项，长期降低企业的各项纳税义务
- （2）减少企业重组环节的纳税义务

企业合并的纳税筹划

并购目标企业的选择

- **并购有税收优惠政策的企业**：现行的《企业所得税法》强调以产业优惠为主、区域优惠为辅的所得税优惠格局，因此，企业在选择并购目标时，应充分重视行业优惠因素和地区优惠因素，在同等条件下，优先选择享有税收优惠政策的企业，可以使并购后企业整体的税务负担较小

- **并购亏损的企业**
  - 如果企业并购重组符合特殊性税务处理的规定，合并企业可以对被合并企业的亏损进行弥补，获得抵税收益
  - 可由合并企业弥补的被合并企业亏损的限额=被合并企业净资产公允价值×截至合并业务发生当年年末国家发行的最长期限的国债利率

- **并购上下游企业或关联企业**：实现关联企业或上下游企业流通环节的减少，减少流转税纳税义务

并购支付方式的纳税筹划
- 股权支付：使用资产重组的特殊税务处理方法的必要条件之一
- 非股权支付：采用一般性税务处理方法

企业分立的纳税筹划

新设分立
- 含义：是指原企业解散，分立出的各方分别设立为新的企业
- 纳税筹划：把一个企业分解成两个甚至更多个新企业，使之适用小型微利企业，或符合高新技术企业的优惠条件，从而使企业的总体税收负担低于分立前的企业

存续分立
- 含义：是指原企业存续，而其一部分分出设立为一个或数个新的企业
- 纳税筹划：可以将企业某个特定部门分立出去，获得流转税的税收利益

股利无关理论认为，在一定的假设条件限制下，股利政策不会对公司的价值或股票的价格产生任何影响，投资者不关心公司股利的分配。公司市场价值的高低，是由公司所选择的投资决策的获利能力和风险组合所决定的，而与公司的利润分配政策无关

观点

股利无关理论

假设条件

（1）市场具有强式效率，没有交易成本，没有任何一个股东的实力足以影响股票价格

（2）对公司或个人不存在任何所得税

（3）不存在任何筹资费用

（4）公司的投资决策与股利决策彼此独立，即投资决策不受股利分配的影响

（5）股东对股利收入和资本增值之间并无偏好

"手中鸟"理论

该理论认为，厌恶风险的投资者会偏好确定的股利收益，而不愿将收益留存在公司内部去承担未来的投资风险。因此，当公司支付较高的股利时，公司的股票价格会随之上升，公司价值将得到提高

信号传递理论

该理论认为，在信息不对称的情况下，公司可以通过股利政策向市场传递有关公司未来获利能力的信息，从而会影响公司的股价

一般来讲，预期未来获利能力强的公司，往往愿意通过相对较高的股利支付水平把自己同预期获利能力差的公司区别开来，以吸引更多的投资者

股利相关理论

所得税差异理论

该理论认为，由于普遍存在的税率以及纳税时间的差异，资本利得收益比股利收益更有助于实现收益最大化目标，公司应当采用低股利政策

代理理论

该理论认为，股利的支付能够有效地降低代理成本

高水平的股利政策降低了企业的代理成本，但同时增加了外部融资成本，理想的股利政策应当使两种成本之和最小

股利分配理论

第四节 分配管理

股利政策与企业价值

剩余股利政策

内容

指公司在有良好的投资机会时，根据目标资本结构，测算出投资所需的权益资本额，先从盈余中留用，然后将剩余的盈余作为股利来分配，即净利润首先满足公司的权益资金需求，如果还有剩余，就派发股利；如果没有，则不派发股利

理论依据 股利无关理论

优点 净利润优先满足再投资权益资金的需要，有助于降低再投资的资金成本，保持最佳的资本结构，实现企业价值的长期最大化

缺点 不利于投资者安排收入与支出，也不利于公司树立良好的形象

适用范围 一般适用于公司初创阶段

股利政策

固定或稳定增长的股利政策

内容 是指公司将每年派发的股利额固定在某一特定水平或是在此基础上维持某一固定比率逐年稳定增长。公司只有在确信未来盈余不会发生逆转时才会宣布实施固定或稳定增长的股利政策

理论依据 股利相关理论

优点

（1）稳定的股利向市场传递着公司正常发展的信息，有利于树立公司的良好形象，增强投资者对公司的信心，稳定股票的价格

（2）稳定的股利额有助于投资者安排股利收入和支出，有利于吸引那些打算进行长期投资并对股利有很高依赖性的股东

（3）为了将股利或股利增长率维持在稳定的水平上，即使推迟某些投资方案或暂时偏离目标资本结构，也可能比降低股利或股利增长率更为有利

第四节　分配管理

股利政策与企业价值

股利政策

固定或稳定增长的股利政策

缺点
（1）股利的支付与企业的盈利相脱节，可能会导致企业资金紧缺，财务状况恶化
（2）在企业无利可分的情况下，若依然实施固定或稳定增长的股利政策，是违反《公司法》的行为

适用范围
适用于经营比较稳定或正处于成长期的企业，但很难被长期采用

固定股利支付率政策

内容
是指公司将每年净利润的某一固定百分比作为股利分派给股东。这一百分比通常称为股利支付率

理论依据　股利相关理论

优点
（1）股利与公司盈余紧密地配合，体现了"多盈多分、少盈少分、无盈不分"的股利分配原则
（2）公司每年按固定的比例从税后利润中支付现金股利，从企业的支付能力的角度看，这是一种稳定的股利政策

缺点
（1）由于收益不稳导致股利的波动所传递的信息，容易成为影响股价的不利因素
（2）容易使公司面临较大的财务压力
（3）合适的固定股利支付率的确定难度比较大

适用范围　适用于那些处于稳定发展且财务状况也较稳定的公司

低正常股利加额外股利政策

内容
是指公司事先设定一个较低的正常股利额，每年除了按正常股利额向股东发放股利外，还在公司盈余较多、资金较为充裕的年份向股东发放额外股利

理论依据　股利相关理论

优点
（1）赋予公司较大的灵活性，使公司在股利发放上留有余地，并具有较大的财务弹性。公司可根据每年的具体情况，选择不同的股利发放水平，以稳定和提高股价，进而实现公司价值的最大化
（2）使那些依靠股利度日的股东每年至少可以得到虽然较低但比较稳定的股利收入，从而吸引住这部分股东

缺点
（1）由于各年度之间公司盈利的波动使得额外股利不断变化，造成分派的股利不同，容易给投资者造成收益不稳定的感觉
（2）当公司在较长时间持续发放额外股利后，可能会被股东误认为是"正常股利"，一旦取消，传递出的信号可能会使股东认为这是公司财务状况恶化的表现，进而导致股价下跌

适用范围
适用于那些盈利随着经济周期而波动较大或者盈利与现金流量很不稳定的公司

利润分配制约因素

法律因素

资本保全约束　不能用资本（包括实收资本或股本和资本公积）发放股利

资本积累约束
公司必须按照一定的比例和基数提取各种公积金，股利只能从企业的可供股东分配利润中支付。在进行利润分配时，一般应当贯彻"无利不分"的原则，即当企业出现年度亏损时，一般不进行利润分配

超额累积利润约束
如果公司为了股东避税而使得盈余的保留大幅度超过了公司目前及未来的投资需要时，将被加征额外的税款

偿债能力约束
要求公司考虑现金股利分配对偿债能力的影响，确定在分配后仍能保持较强的偿债能力，以维持公司的信誉和借贷能力，从而保证公司正常的资金周转

		现金流量	公司在进行利润分配时，要保证正常的经营活动对现金的需求，以维持资金的正常周转，使生产经营得以有序进行
	公司因素	资产的流动性	资产流动性较低的公司往往支付较低的股利
		盈余的稳定性	一般来讲，公司的盈余越稳定，其股利支付水平也就越高
		投资机会	公司的投资机会多，采用低股利；投资机会少，采用高股利
		筹资因素	筹资能力强，采用高股利
		其他因素	不同发展阶段、不同行业的公司股利支付比例会有差异

第四节　分配管理

利润分配制约因素

股东因素
- 控制权　具有控制权的股东往往主张限制股利的支付，而愿意较多的保留盈余，以防控制权旁落他人（低股利政策）
- 稳定的收入　从稳定收入的角度考虑，靠股利维持生活的股东要求支付稳定的股利（高股利政策）
- 避税　一些高股利收入的股东出于避税的考虑，往往倾向于较低的股利支付水平（低股利政策）

其他因素
- 债务契约　债权人可以在债务契约、租赁合同中加入关于借款公司股利政策的限制条款（低股利政策）
- 通货膨胀　在通货膨胀时期，企业一般会采取偏紧的利润分配政策（低股利政策）

股利支付形式与程序

股利支付形式
- 现金股利　是以现金支付的股利，它是股利支付最常见的方式
- 财产股利　是以现金以外的其他资产支付的股利，主要是以公司所拥有的其他公司的有价证券，如债券、股票等，作为股利支付给股东
- 负债股利　是以负债方式支付的股利，通常以公司的应付票据支付给股东，有时也以发放公司债券的方式支付股利
- 股票股利
  - 是公司以增发股票的方式所支付的股利
  - 有影响的项目　所有权的内部结构（改变）、股票数量（增加）、每股收益（下降）、每股市价（下降）
  - 无影响的项目　每股面值、资本结构、股东持股比例
  - 股东角度
    - （1）实务中发放股票股利后，有时股价并不成反比例下降，甚至可使股票股利价值相对上升
    - （2）由于股票收入和资本利得税率的差异，如果股东把股票股利出售，还会给他带来资本利得纳税上的好处
  - 优点
    - 公司角度
      - （1）不需要向股东支付现金，在再投资机会较多的情况下，公司就可以为再投资提供成本较低的资金，从而有利于公司的发展
      - （2）可以降低公司股票的市场价格，既有利于促进股票的交易和流通，又有利于吸引更多的投资者成为公司股东，进而使股权更为分散，有效地防止公司被恶意控制
      - （3）可以传递公司未来发展前景良好的信息，从而增强投资者的信心，在一定程度上稳定股票价格

股利支付程序
- 股利宣告日　股东大会决议通过并由董事会将股利支付情况予以公告的日期
- 股权登记日　有权领取本期股利的股东资格登记截止日期
- 除息日　领取股利的权利与股票分离的日期
- 股利发放日　公司按照公布的分红方案向股权登记日在册的股东实际支付股利的日期

第四节　分配管理

股票分割与股票回购

股票分割

概念　又称拆股，即将一股股票拆分成多股股票的行为

作用
（1）降低股票价格
（2）向市场和投资者传递"公司发展前景良好"的信号，有助于提高投资者对公司股票的信心

反分割　又称为股票合并或逆向分割，是指将多股股票合并为一股股票的行为。反分割显然会降低股票的流通性，提高公司股票投资的门槛，它向市场传递的信息通常是不利的

股票回购

含义　是指上市公司出资将其发行在外的普通股以一定价格购买回来予以注销或作为库存股的一种资本运作方式

可收购公司股份情形
减少公司注册资本
与持有本公司股份的其他公司合并
将股份用于员工持股计划或者股权激励
股东因对股东大会作出的公司合并、分立决议持异议，要求公司收购其股份
将股份用于转换上市公司发行的可转换为股票的公司债券
上市公司为维护公司价值及股东权益所必需

股票回购动机
现金股利的替代　当公司有富余资金时，通过购回股东所持股票将现金分配给股东，这样，股东就可根据自己的需要选择继续持有股票或出售以获得现金
基于控制权的考虑　控股股东为了保证其控制权不被改变，往往采取直接或间接的方式回购股票，从而巩固既有的控制权。另外，股票回购使流通在外的股份数变少，股价上升，从而可以有效地降低敌意收购的风险
传递公司信息　一般情况下，投资者会认为股票回购意味着公司认为其股票价值被低估而采取的应对措施
改变公司的资本结构　无论现金回购或举债回购股份，都会提高公司的财务杠杆水平，改变公司的资本结构

股票回购影响
符合股票回购条件的多渠道回购方式：提升公司调整股权结构和管理风险的能力，提高公司整体质量和投资价值
因实施持股计划和股权激励的股票回购：形成资本所有者和劳动者的利益共同体，有助于提高投资者回报能力
当公司股价严重低于股票内在价值时，进行股份回购：有助于稳定股价，增强投资者信心
股票回购若用大量资金支付回购成本：在公司没有合适投资项目又持有大量现金的情况下，回购股份能更好发挥货币资金的作用
上市公司通过履行信息披露义务和公开的集中交易方式进行股份回购：有利于防止操纵市场、内幕交易等利益输送行为

股权激励

股票期权模式
含义　是指上市公司授予激励对象在未来一定期限内以预先确定的条件购买本公司一定数量股份的权利
适用范围　适合那些初始资本投入较少、资本增值较快、处于成长初期或扩张期的企业

限制性股票模式
含义　公司为了实现某一特定目标，先将一定数量的股票赠与或以较低价格售予激励对象。只有当实现预定目标后，激励对象才可将限制性股票抛售并从中获利；若预定目标没有实现，公司有权将免费赠与的限制性股票收回或者将售出股票以激励对象购买时的价格回购
适用范围　适合处于成熟期的企业

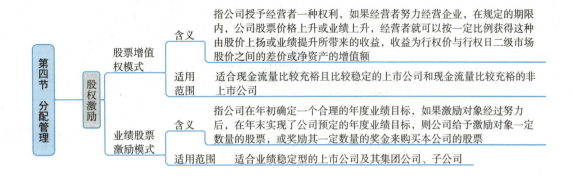

第四节 分配管理 — 股权激励

股票增值权模式
- 含义：指公司授予经营者一种权利，如果经营者努力经营企业，在规定的期限内，公司股票价格上升或业绩上升，经营者就可以按一定比例获得这种由股价上扬或业绩提升所带来的收益，收益为行权价与行权日二级市场股价之间的差价或净资产的增值额
- 适用范围：适合现金流量比较充裕且比较稳定的上市公司和现金流量比较充裕的非上市公司

业绩股票激励模式
- 含义：指公司在年初确定一个合理的年度业绩目标，如果激励对象经过努力后，在年末实现了公司预定的年度业绩目标，则公司给予激励对象一定数量的股票，或奖励其一定数量的奖金来购买本公司的股票
- 适用范围：适合业绩稳定型的上市公司及其集团公司、子公司

第十章　财务分析与评价

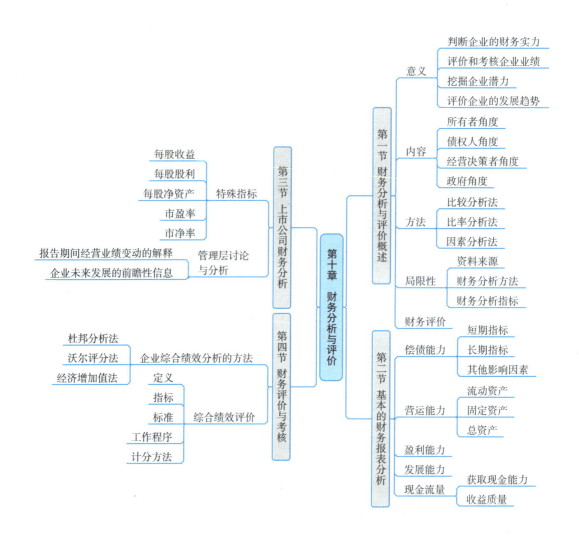

第十章 财务分析与评价

第一节 财务分析与评价概述
- 意义
  - 判断企业的财务实力
  - 评价和考核企业业绩
  - 挖掘企业潜力
  - 评价企业的发展趋势
- 内容
  - 所有者角度
  - 债权人角度
  - 经营决策者角度
  - 政府角度
- 方法
  - 比较分析法
  - 比率分析法
  - 因素分析法
- 局限性
  - 资料来源
  - 财务分析方法
  - 财务分析指标

第二节 基本的财务报表分析
- 财务评价
- 偿债能力
  - 短期指标
  - 长期指标
  - 其他影响因素
- 营运能力
  - 流动资产
  - 固定资产
  - 总资产
- 盈利能力
- 发展能力
- 现金流量
  - 获取现金能力
  - 收益质量

第三节 上市公司财务分析
- 特殊指标
  - 每股收益
  - 每股股利
  - 每股净资产
  - 市盈率
  - 市净率
- 管理层讨论与分析
  - 报告期间经营业绩变动的解释
  - 企业未来发展的前瞻性信息

第四节 财务评价与考核
- 企业综合绩效分析的方法
  - 杜邦分析法
  - 沃尔评分法
  - 经济增加值法
- 综合绩效评价
  - 定义
  - 指标
  - 标准
  - 工作程序
  - 计分方法

第一节　财务分析与评价概述

定义　根据企业财务报表等信息资料，采用专门方法，系统分析和评价企业财务状况、经营成果以及未来发展趋势的过程

财务分析的意义
- 判断企业的财务实力，揭示企业在财务状况方面可能存在的问题
- 评价和考核企业的经营业绩，揭示财务活动存在的问题
- 挖掘企业潜力，寻求提高企业经营管理水平和经济效益的途径
- 评价企业的发展趋势，为企业管理层进行生产经营决策、投资者进行投资决策和债权人进行信贷决策提供重要的依据，避免因决策错误给其带来重大的损失

财务分析的内容
- 企业所有者　盈利能力分析
- 企业债权人　偿债能力分析、盈利能力分析
- 企业经营决策
  - 营运能力、偿债能力、盈利能力及发展能力进行综合分析
  - 关注企业财务风险和经营风险
- 政府　对企业财务分析的关注点因所具身份不同而异

★财务分析的方法

比较分析法
- **定义**　对两个或两个以上的可比数据进行对比，找出企业财务状况、经营成果中的差异与问题
- **分类**
  - ★趋势分析　　比较对象是本企业的历史
  - 横向比较法　　比较对象是同类企业
  - 预算差异分析　比较对象是预算数据
- **具体运用**
  - 重要财务指标的比
    - 定基动态比率
      - 以某一时期的数额为固定的基期数额而计算出来的动态比率
      - =分析期数额/固定基期数额×100%
    - 环比动态比率
      - 以每一分析期的数据与上期数据相比较计算出来的动态比率
      - =分析期数额/前期数额×100%
  - 会计报表的比较　具体包括资产负债表比较、利润表比较和现金流量表比较等
  - 会计报表项目构成的比较　以会计报表中的某个总体指标作为100%，再计算出各组成项目占该总体指标的百分比，从而比较各个项目百分比的增减变动，以此来判断有关财务活动的变化趋势
- **注意**
  - 用于对比的各个时期的指标，其计算口径必须保持一致
  - 应剔除偶发性项目的影响，使分析所利用的数据能反映正常的生产经营状况
  - 应运用例外原则对某项有显著变动的指标作重点分析，研究其产生的原因，以便采取对策，趋利避害

比率分析法
- **定义**　通过计算各种比率指标来确定财务活动变动程度
- **分类**
  - 构成比率
    - 某项财务指标的各组成部分数值占总体数值的百分比，反映部分与总体的关系
    - =某个组成部分数值÷总体数值×100%
  - 效率比率
    - 某项财务活动中所费与所得的比率，反映投入与产出的关系
    - =所得/所费
  - 相关比率
    - 以某个项目和与其有关但又不同的项目加以对比所得的比率，反映有关经济活动的相互关系
    - =某一指标/另一相关指标
- **注意**
  - 对比项目的相关性
  - 对比口径的一致性
  - 衡量标准的科学性

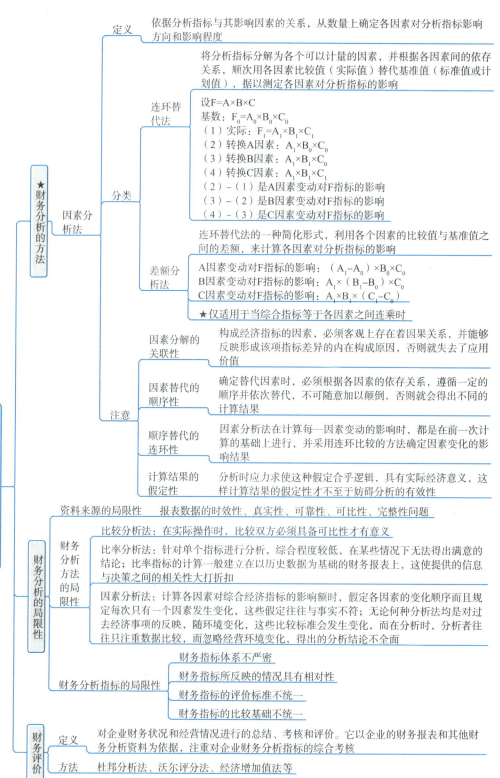

定义　依据分析指标与其影响因素的关系，从数量上确定各因素对分析指标影响方向和影响程度

因素分析法 — 分类 — 连环替代法

将分析指标分解为各个可以计量的因素，并根据各因素间的依存关系，顺次用各因素比较值（实际值）替代基准值（标准值或计划值），据以测定各因素对分析指标的影响

设 $F=A\times B\times C$
基数：$F_0=A_0\times B_0\times C_0$
（1）实际：$F_1=A_1\times B_1\times C_1$
（2）转换A因素：$A_1\times B_0\times C_0$
（3）转换B因素：$A_1\times B_1\times C_0$
（4）转换C因素：$A_1\times B_1\times C_1$
（2）-（1）是A因素变动对F指标的影响
（3）-（2）是B因素变动对F指标的影响
（4）-（3）是C因素变动对F指标的影响

差额分析法

连环替代法的一种简化形式，利用各个因素的比较值与基准值之间的差额，来计算各因素对分析指标的影响

A因素变动对F指标的影响：$(A_1-A_0)\times B_0\times C_0$
B因素变动对F指标的影响：$A_1\times(B_1-B_0)\times C_0$
C因素变动对F指标的影响：$A_1\times B_1\times(C_1-C_0)$

★仅适用于当综合指标等于各因素之间连乘时

注意

因素分解的关联性　构成经济指标的因素，必须客观上存在着因果关系，才能够反映形成该项指标差异的内在构成原因，否则就失去了应用价值

因素替代的顺序性　确定替代因素时，必须根据各因素的依存关系，遵循一定的顺序并依次替代，不可随意加以颠倒，否则就会得出不同的计算结果

顺序替代的连环性　因素分析法在计算每一因素变动的影响时，都是在前一次计算的基础上进行，并采用连环比较的方法确定因素变化的影响结果

计算结果的假定性　分析时应力求使这种假定合乎逻辑，具有实际经济意义，这样计算结果的假定才不至于妨碍分析的有效性

财务分析的局限性

资料来源的局限性　报表数据的时效性、真实性、可靠性、可比性、完整性问题

财务分析方法的局限性

比较分析法：在实际操作时，比较双方必须具备可比性才有意义

比率分析法：针对单个指标进行分析，综合程度较低，在某些情况下无法得出满意的结论；比率指标的计算一般建立在以历史数据为基础的财务报表上，这使提供的信息与决策之间的相关性大打折扣

因素分析法：计算各因素对综合经济指标的影响额时，假定各因素的变化顺序而且规定每次只有一个因素发生变化，这些假定往往与事实不符；无论何种分析法均是对过去经济事项的反映，随环境变化，这些比较标准会发生变化，而在分析时，分析者往往只注重数据比较，而忽略经营环境变化，得出的分析结论不全面

财务分析指标的局限性

财务指标体系不严密
财务指标所反映的情况具有相对性
财务指标的评价标准不统一
财务指标的比较基础不统一

财务评价

定义　对企业财务状况和经营情况进行的总结、考核和评价。它以企业的财务报表和其他财务分析资料为依据，注重对企业财务分析指标的综合考核

方法　杜邦分析法、沃尔评分法、经济增加值法等

★财务分析的方法

第一节　财务分析与评价概述

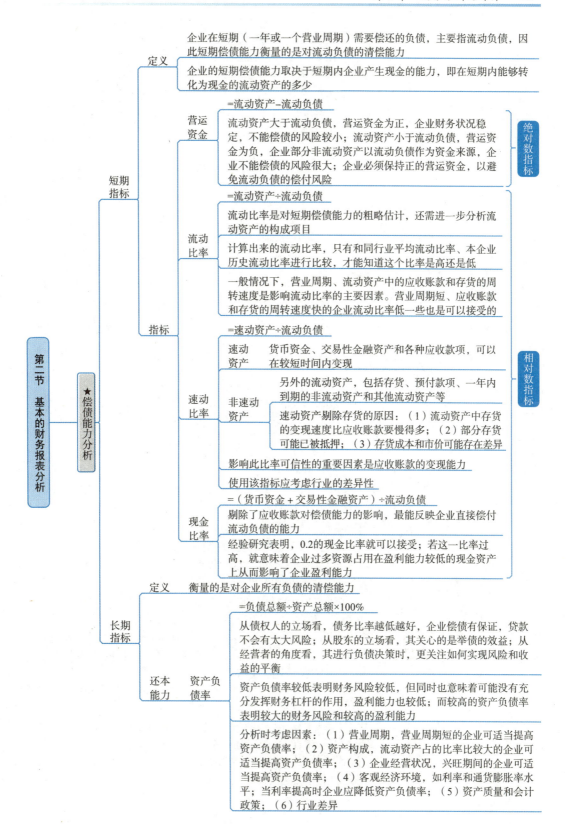

第二节 基本的财务报表分析

★偿债能力分析

短期指标

定义

企业在短期（一年或一个营业周期）需要偿还的负债，主要指流动负债，因此短期偿债能力衡量的是对流动负债的清偿能力

企业的短期偿债能力取决于短期内企业产生现金的能力，即在短期内能够转化为现金的流动资产的多少

指标

营运资金 — 绝对数指标

=流动资产−流动负债

流动资产大于流动负债，营运资金为正，企业财务状况稳定，不能偿债的风险较小；流动资产小于流动负债，营运资金为负，企业部分非流动资产以流动负债作为资金来源，企业不能偿债的风险很大；企业必须保持正的营运资金，以避免流动负债的偿付风险

流动比率 — 相对数指标

=流动资产÷流动负债

流动比率是对短期偿债能力的粗略估计，还需进一步分析流动资产的构成项目

计算出来的流动比率，只有和同行业平均流动比率、本企业历史流动比率进行比较，才能知道这个比率是高还是低

一般情况下，营业周期、流动资产中的应收账款和存货的周转速度是影响流动比率的主要因素。营业周期短、应收账款和存货的周转速度快的企业流动比率低一些也是可以接受的

速动比率

=速动资产÷流动负债

速动资产：货币资金、交易性金融资产和各种应收款项，可以在较短时间内变现

非速动资产：另外的流动资产，包括存货、预付款项、一年内到期的非流动资产和其他流动资产等

速动资产剔除存货的原因：（1）流动资产中存货的变现速度比应收账款要慢得多；（2）部分存货可能已被抵押；（3）存货成本和市价可能存在差异

影响此比率可信性的重要因素是应收账款的变现能力

使用该指标应考虑行业的差异性

现金比率

=（货币资金＋交易性金融资产）÷流动负债

剔除了应收账款对偿债能力的影响，最能反映企业直接偿付流动负债的能力

经验研究表明，0.2的现金比率就可以接受；若这一比率过高，就意味着企业过多资源占用在盈利能力较低的现金资产上从而影响了企业盈利能力

长期指标

定义

衡量的是对企业所有负债的清偿能力

还本能力

资产负债率

=负债总额÷资产总额×100%

从债权人的立场看，债务比率越低越好，企业偿债有保证，贷款不会有太大风险；从股东的立场看，其关心的是举债的效益；从经营者的角度看，其进行负债决策时，更关注如何实现风险和收益的平衡

资产负债率较低表明财务风险较低，但同时也意味着可能没有充分发挥财务杠杆的作用，盈利能力也较低；而较高的资产负债率表明较大的财务风险和较高的盈利能力

分析时考虑因素：（1）营业周期，营业周期短的企业可适当提高资产负债率；（2）资产构成，流动资产占的比率比较大的企业可适当提高资产负债率；（3）企业经营状况，兴旺期间的企业可适当提高资产负债率；（4）客观经济环境，如利率和通货膨胀率水平，当利率提高时企业应降低资产负债率；（5）资产质量和会计政策；（6）行业差异

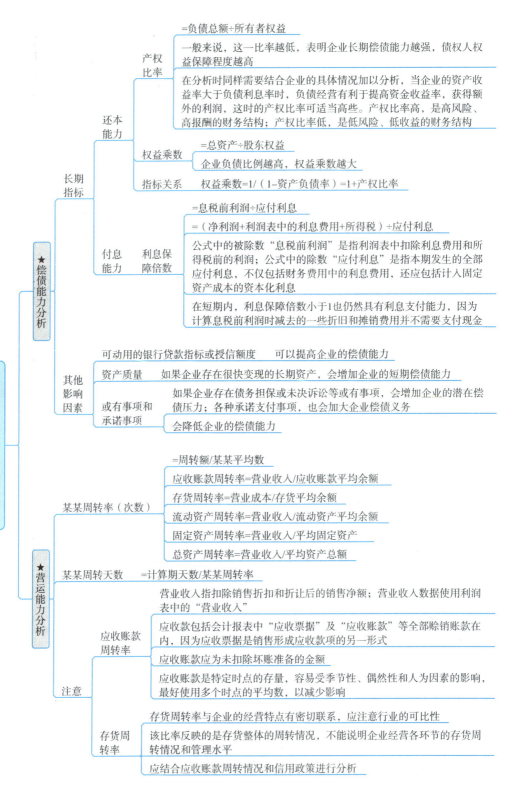

产权比率
- =负债总额÷所有者权益
- 一般来说，这一比率越低，表明企业长期偿债能力越强，债权人权益保障程度越高
- 在分析时同样需要结合企业的具体情况加以分析，当企业的资产收益率大于负债利息率时，负债经营有利于提高资金收益率，获得额外的利润，这时的产权比率可适当高些。产权比率高，是高风险、高报酬的财务结构；产权比率低，是低风险、低收益的财务结构

还本能力

权益乘数
- =总资产÷股东权益
- 企业负债比例越高，权益乘数越大

指标关系
- 权益乘数=1/（1−资产负债率）=1+产权比率

长期指标

付息能力 — **利息保障倍数**
- =息税前利润÷应付利息
- =（净利润+利润表中的利息费用+所得税）÷应付利息
- 公式中的被除数"息税前利润"是指利润表中扣除利息费用和所得税前的利润；公式中的除数"应付利息"是指本期发生的全部应付利息，不仅包括财务费用中的利息费用，还应包括计入固定资产成本的资本化利息
- 在短期内，利息保障倍数小于1也仍然具有利息支付能力，因为计算息税前利润时减去的一些折旧和摊销费用并不需要支付现金

★偿债能力分析

其他影响因素
- 可动用的银行贷款指标或授信额度　可以提高企业的偿债能力
- 资产质量　如果企业存在很快变现的长期资产，会增加企业的短期偿债能力
- 或有事项和承诺事项
  - 如果企业存在债务担保或未决诉讼等或有事项，会增加企业的潜在偿债压力；各种承诺支付事项，也会加大企业偿债义务
  - 会降低企业的偿债能力

第二节 基本的财务报表分析

某某周转率（次数）
- =周转额/某某平均数
- 应收账款周转率=营业收入/应收账款平均余额
- 存货周转率=营业成本/存货平均余额
- 流动资产周转率=营业收入/流动资产平均余额
- 固定资产周转率=营业收入/平均固定资产
- 总资产周转率=营业收入/平均资产总额

某某周转天数　=计算期天数/某某周转率

★营运能力分析

注意

应收账款周转率
- 营业收入指扣除销售折扣和折让后的销售净额；营业收入数据使用利润表中的"营业收入"
- 应收款包括会计报表中"应收票据"及"应收账款"等全部赊销账款在内，因为应收票据是销售形成应收款项的另一形式
- 应收账款应为未扣除坏账准备的金额
- 应收账款是特定时点的存量，容易受季节性、偶然性和人为因素的影响，最好使用多个时点的平均数，以减少影响

存货周转率
- 存货周转率与企业的经营特点有密切联系，应注意行业的可比性
- 该比率反映的是存货整体的周转情况，不能说明企业经营各环节的存货周转情况和管理水平
- 应结合应收账款周转情况和信用政策进行分析

第二节 基本的财务报表分析

盈利能力分析★

营业毛利率
- =营业毛利÷营业收入×100%
- 营业毛利=营业收入−营业成本
- 营业毛利率越高，表明产品的盈利能力越强

营业净利率
- =净利润÷营业收入×100%
- 在利润表上，从营业收入到净利润需要扣除营业成本、期间费用、税金等项目；因此，将营业净利率按利润的扣除项目进行分解可以识别影响营业净利率的主要因素

总资产净利率
- =（净利润÷平均总资产）×100%
- 总资产净利率越高，表明企业资产的利用效果越好；影响总资产净利率的因素是营业净利率和总资产周转率
- =净利润营业收入×营业收入平均总资产=营业净利率×总资产
- 企业可以通过提高营业净利率、加速资产周转来提高总资产净利率

净资产收益率
- =（净利润÷平均所有者权益）×100%
- 一般来说，净资产收益率越高，所有者和债权人的利益保障程度越高
- =净利润平均总资产×平均总资产平均净资产=总资产净利率×权益乘数
- 改善资产盈利能力和增加企业负债都可以提高净资产收益

发展能力分析

营业收入增长率
- =本年营业收入增长额÷上年营业收入×100%
- 该指标值越高，表明企业营业收入的增长速度越快，企业市场前景越好

总资产增长率
- =本年资产增长额÷年初资产总额×100%
- 该指标值越高，表明企业一定时期内资产经营规模扩张的速度越快；但需要关注资产规模扩张的质和量的关系，以及企业的后续发展能力，避免盲目扩张

营业利润增长率
- =本年营业利润增长额÷上年营业利润总额×100%

资本保值增值率★
- 扣除客观增减因素后所有者权益的期末总额与期初总额的比率，主要反映企业资本的运营效益与安全状况
- =（期初所有者权益+本期利润）÷期初所有者权益×100%
- 严格意义上的资本保值增值应既与本期筹资、接受捐赠、资产评估增值等事项无关，也与本期利润分配无关，而是真正取决于当期实现的经济效益，即净利润
- 该指标越高，表明企业的资本保全状况越好，所有者权益增长越快，债权人的债务越有保障，企业发展后劲越强
- 客观因素对所有者权益的影响包括但不限于：（1）本期投资者追加投资，使企业的实收资本增加，以及因资本溢价、资本折算差额引起的资本公积变动；（2）本期接受外来捐赠、资产评估增值导致资本公积增加

所有者权益增长率
- =本年所有者权益增长额÷年初所有者权益×100%
- 该指标越高，表明企业的资本积累越多，应对风险、持续发展的能力越强

现金流量分析

获取现金能力

营业现金比率
- =经营活动现金流量净额÷营业收入
- 其数值越大越好

每股营业现金净流量
- =经营活动现金流量净额÷普通股股数
- 该指标反映企业最大的分派股利能力，超过此限度，可能就要借款分红

全部资产现金回收率
- =经营活动现金流量净额÷平均总资产×100%
- 说明企业全部资产产生现金的能力

收益质量

定义及判断标准
- 会计收益与公司业绩之间的相关性
- 如果会计收益能如实反映公司业绩，则其收益质量高；反之，则收益质量不高

净收益营运指数
- =经营净收益÷净利润
- 经营净收益=净利润−非经营净收益
- 净收益营运指数越小，非经营收益所占比重越大，收益质量越差

现金营运指数
- =经营活动现金流量净额÷经营所得现金
- 经营所得现金=经营净收益+非付现费用
- 现金营运指数大于1，说明收益质量较好

第三节 上市公司财务分析

★上市公司特殊财务分析指标

股数对比

每股收益

基本每股收益
=归属于公司普通股股东的净利润/发行在外的普通股加权平均数

其中，发行在外的普通股加权平均数=期初发行在外普通股股数+当期新发普通股股数×已发行时间÷报告期时间−当期回购普通股股数×已回购时间÷报告期时间

稀释每股收益

含义 稀释性潜在普通股：假设当期转换为普通股会减少每股收益的潜在普通股

可转换公司债券
分子调整项目：可转换公司债券当期已确认为费用的利息等的税后影响额

分母调整项目：假定可转换公司债券当期期初或发行日转换为普通股股数的加权平均数，公式为：增加的潜在加权平均普通股股数=（面值/转换价格）×时间权重

认股权证和股份期权
行权价格低于当期普通股平均市场价格时应考虑其稀释性

计算稀释每股收益时，作为分子的净利润金额一般不变；分母的调整项目为增加的普通股股数，同时还应考虑时间权数

认股权证或股份期权行权增加的普通股股数=行权认购的股数×（1−行权价格/普通股平均市价）

当期发行认股权证或股份期权的，普通股平均市场价格应当自认股权证或股份期权的发行日起计算

每股股利

计算 每股股利=现金股利总额÷期末发行在外的普通股股数

影响因素 除了受上市公司盈利能力大小影响以外，还取决于企业的股利分配政策和投资机会

关联指标 股利发放率（股利支付率）=每股股利÷每股收益

每股净资产

计算
每股净资产=期末普通股净资产÷期末发行在外的普通股股数

期末普通股净资产=期末股东权益−期末优先股股东权益

作用 利用该指标进行横、纵向对比，可以衡量上市公司股票的投资价值；如在企业性质相同、股票市价相近的条件下，某一企业股票的每股净资产越高，则企业发展潜力与其股票的投资价值越大，投资者所承担的投资风险越小

市价比率

市盈率

计算 市盈率=每股市价÷每股收益

分析
反映了市场上投资者对股票投资收益和投资风险的预期

市盈率越高，投资者对股票的收益预期越看好，投资价值越大；反之，投资者对该股票评价越低

市盈率越高，获得一定的预期利润投资者需要支付更高的价格，因此投资于该股票的风险也越大；市盈率越低，投资于该股票的风险越小

影响因素
上市公司盈利能力的成长性

投资者所获取收益率的稳定性

市盈率也受到利率水平变动的影响

缺陷
股票价格的高低受很多因素影响，非理性因素的存在会使股票价格偏离其内在价值

市盈率反映了投资者的投资预期，但由于市场不完全有效和信息不对称，投资者可能会对股票做出错误估计。因此应该进行不同期间以及同行业不同公司之间的比较或与行业平均市盈率进行比较，以判断股票的投资价值

第三节 上市公司财务分析

★上市公司特殊财务分析指标

市价比率

市净率

计算　市净率=每股市价÷每股净资产

分析

一般来说，市净率较低的股票投资价值较高，反之投资价值较低

但有时较低的市净率反映的可能是投资者对公司前景的不良预期，而较高市净率则相反

在判断某只股票的投资价值时，还要综合考虑当时的市场环境以及公司经营情况、资产质量和盈利能力等因素

管理层讨论与分析

定义

上市公司定期报告中管理层对于本企业过去经营状况的评价分析以及对企业未来发展趋势的前瞻性判断，是对企业财务报表中所描述的财务状况和经营成果的解释，是对经营中固有风险和不确定性的揭示，同时也是对企业未来发展前景的预期

注：若企业实际经营业绩较曾公开披露过的本年度盈利预测或经营计划低10%以上或高20%以上，应详细说明造成差异的原因

内容

报告期间经营业绩变动的解释

分析企业主营业务及其经营状况

概述企业报告期内总体经营情况，列示企业主营业务收入、主营业务利润、净利润的同比变动情况，说明引起变动的主要影响因素

说明报告期企业资产构成、销售费用、管理费用、财务费用、所得税等财务数据同比发生重大变动的情况及主要影响因素

结合企业现金流量表相关数据，说明企业经营活动、投资活动和筹资活动产生现金流量的构成情况，若相关数据发生重大变动，应分析其主要影响因素

企业可以根据实际情况对企业设备利用情况、订单的获取情况、产品的销售或积压情况、主要技术人员变动情况等与企业经营相关的重要信息进行讨论和分析

企业主要控股及参股企业的经营情况及业绩分析

企业未来发展的前瞻性信息

企业应当结合经营回顾的情况，分析所处行业的发展趋势及企业面临的市场竞争格局

企业应当向投资者提示管理层所关注的未来企业发展机遇和挑战，披露企业发展战略，以及拟开展的新业务、拟开发的新产品、拟投资的新项目等

企业应当披露为实现未来发展战略所需的资金需求及使用计划，以及资金来源情况，说明企业维持当前业务、完成在建投资项目的资金需求、未来重大的资本支出计划等，包括未来已知的资本支出承诺、合同安排、时间安排等

注：披露原则——强制与自愿相结合

第四节 财务评价与考核

企业综合绩效分析的方法

杜邦分析法

★公式　净资产收益率=营业净利率×总资产周转率×权益乘数

分析

净资产收益率是一个综合性最强的财务分析指标，是杜邦分析体系的起点

杜邦分析体系将盈利能力、营运能力、偿债能力的分析指标综合在一个体系里，在考试中经常与因素分析法相结合考查

营业净利率反映了企业净利润与营业收入的关系，它的高低取决于营业收入与成本总额的高低

影响总资产周转率的一个重要因素是资产的结构，资产总额由流动资产与长期资产组成，它们的结构合理与否将直接影响资产的周转速度

权益乘数主要受资产负债率指标的影响，资产负债率越高，权益乘数就越高，企业的负债程度比较高，给企业带来了较多的杠杆利益，同时，也带来了较大的风险

第四节 财务评价与考核

企业综合绩效分析的方法

沃尔评分法

传统

定义：沃尔在《信用晴雨表研究》和《财务报表比率分析》中提出了信用能力指数的概念，他把若干个财务比率用线性关系结合起来，以此来评价企业的信用水平；该方法选择七种财务比率，分别给定其在总评价中所占比重，总和为100分；然后确定标准比率，并与实际比率比较，评出每项指标的得分及总评分

缺点：
- 未能证明为什么要选择这7个指标
- 未能证明每个指标所占比重的合理性
- 从技术上讲，当某一个指标严重异常时，会对综合指数产生不合逻辑的重大影响。这个缺陷是由相对比率与比重相"乘"而引起的。财务比率提高1倍，其综合指数增加100%；而财务比率缩小1倍，其综合指数只减少50%

现代改进

指标选择：一般认为企业财务评价的内容依次为盈利能力、偿债能力、成长能力，它们之间大致可按5：3：2的比重来分配

特点：标准比率以本行业平均数为基础，在给每个指标评分时，应规定其上限和下限，以减少个别指标异常对总评分造成不合理的影响。上限可定为正常评分值的1.5倍，下限可定为正常评分值的0.5倍。此外，给分不是采用"乘"的关系，而是采用"加"或"减"的关系来处理，以克服沃尔评分法的缺点

经济增加值法

定义：
- 经济增加值（EVA）是税后净营业利润扣除全部投入资本的成本后的剩余收益
- 它克服了传统绩效评价指标的缺陷，能够真实地反映公司的经营业绩，是体现企业最终经营目标的绩效评价办法

作用：
- 提供了更好的业绩评估标准，使管理者作出更明智的决策
- 帮助企业实现了决策与股东财富一致

公式：
- 经济增加值=税后净营业利润-平均资本占用×加权平均资本成本
- 其中，税后净营业利润衡量的是企业的经营盈利情况；平均资本占用反映的是企业持续投入的各种债务资本和股权资本；加权平均资本成本反映的是企业各种资本的平均成本率

结论：经济增加值为正，表明经营者在为企业创造价值；经济增加值为负，表明经营者在损毁企业价值

优点：
- 考虑了所有资本的成本，能够更加真实地反映企业的价值创造
- 实现了企业利益、经营者利益和员工利益的统一

缺点：
- 经济增加值仅能衡量企业当期或预判未来1~3年的价值创造情况，无法衡量企业长远发展战略的价值创造
- 该指标计算主要基于财务指标，无法对企业进行综合评价
- 由于不同行业、不同规模、不同成长阶段等的公司，其会计调整项和加权平均资本成本各不相同，故该指标的可比性较差
- 如何计算经济增加值尚存许多争议，这些争议不利于建立一个统一的规范，使得该指标往往主要用于一个公司的历史分析以及内部评价

比对：

项目	经济增加值	传统业绩评价
会计数据	需要对会计数据进行一系列调整	只是从反映某方面的会计指标来度量公司绩效
资本成本	既考虑债务资本的成本，也考虑股权资本的机会成本	只考虑债务资本的成本，不考虑股权资本的机会成本
评价结果	能够体现股东财富的变化	不能反映股东财富的变化

定义：运用数理统计和运筹学的方法，通过建立综合评价指标体系，对照相应的评价标准，定量分析与定性分析相结合，对企业一定经营期间的盈利能力、资产质量、债务风险以及经营增长等经营业绩和努力程度等各方面进行的综合评判

评价指标
- 定量
  - 盈利能力
    - 基本指标：净资产收益率、总资产收益率
    - 修正指标：销售（营业）利润率、利润现金保障倍数、成本费用利润率、资本收益率
  - 资产质量
    - 基本指标：总资产周转率、应收账款周转率
    - 修正指标：不良资产比率、流动资产周转率、资产现金回收率
  - 债务风险
    - 基本指标：资产负债率、已获利息倍数
    - 修正指标：流动比率、现金流动负债比率、带息负债比率、或有负债比率
  - 经营增长
    - 基本指标：销售（营业）增长率、资本保值增值率
    - 修正指标：销售（营业）利润增长率、总资产增长率、技术投入比率
- 定性：包括战略管理、发展创新、经营决策、风险控制、基础管理、人力资源、行业影响、社会贡献八个方面的指标

评价标准
- 定量
  - 国内行业标准：根据国内企业年度财务和经营管理统计数据，运用数理统计方法，分年度、分行业、分规模统一测算
  - 国际行业标准：根据居于行业国际领先地位的大型企业相关财务指标实际值，或者根据同类型企业相关财务指标的先进值，在剔除会计核算差异后统一测算
  - 财务绩效定量评价标准按照不同行业、不同规模及指标类别，划分为优秀（A）、良好（B）、平均（C）、较低（D）、较差（E）五个档次，对应五档评价的标准系数分别为1.0、0.8、0.6、0.4、0.2，较差（E）以下为0
- 定性：分为优（A）、良（B）、中（C）、低（D）、差（E）五个档次，对应五档评价的标准系数分别为1.0、0.8、0.6、0.4、0.2，差（E）以下为0

工作程序
- 定量：包括提取评价基础数据、基础数据调整、评价计分、形成评价结果等内容
- 定性：包括收集整理管理绩效评价资料、聘请咨询专家、召开专家评议会、形成定性评价结论等内容

计分方法
- 财务绩效：在基本指标计分结果的基础上，运用功效系数法原理，分别计算盈利能力、资产质量、债务风险和经营增长四个部分的综合修正系数，再据此计算出修正后的分数
- 管理绩效：一般通过专家评议打分形式完成，聘请的专家应不少于7名
- 综合绩效：企业综合绩效评价分数=财务绩效定量评价分数×70%+管理绩效定性评价分数×30%
- 注：绩效改进度=本期绩效评价分数/基期绩效评价分数，绩效改进度大于1，说明经营绩效上升；绩效改进度小于1，说明经营绩效下滑

第四节　财务评价与考核 — 综合绩效评价